# ये मेरी ग़ज़लें, ये मेरी नज़्में

₹ 250
ISBN : 9788170289807

YE MERI GAZLEIN YE MERI NAZMEIN (Urdu Poetry)
by Ahmed Faraz
मुद्रक : जी.एस. ऑफसेट, दिल्ली

राजपाल एण्ड सन्ज़
1590, मदरसा रोड, कश्मीरी गेट, दिल्ली–110006
फोन : 011–23869812, 23865483, 23867791
e-mail : sales@rajpalpublishing.com
www.rajpalpublishing.com
www.facebook.com/rajpalandsons

# ये मेरी ग़ज़लें
# ये मेरी नज़्में

अहमद फ़राज़

राजपाल

# अहमद फ़राज़ की शायरी

अहमद फ़राज़, फ़ैज़ साहब के बाद हमारे मक़बूल-तरीन[1] शायर हैं। उन्हें जीते जी ऐसी शोहरत[2] मिली है, जो अफ़साना बन जाती है। फ़राज़ के बाज़-मासरीन भी उनकी शायरी पर मोतरिज़[3] होते हैं और सन् 1960 के बाद की नज़्म और ग़ज़ल के जायज़ों में अक्सर फ़राज़ से ज़्यादा ज़िक्र ऐसों का भी होता है जो उनकी शायराना हैसियत को नहीं पहुँचते। फ़राज़ की शायरी पर बाज़ाप्ता बहस और ज़िक्र से परहेज़ किया जाता रहा है। मेरा अपना तार्रुफ़[4] उस शायरी से तक़रीबन उन ही दिनों हुआ जब फ़राज़ की इब्तिदाई[5] नज़्में और ग़ज़लें पहले पहल शाया[6] हुईं। और मेरे पहले असर की पुष्टि उस वक़्त हुई जब 'फ़िराक़' की ताज़ा तस्वीर देखकर' कही जाने वाली उनकी एक नज़्म सामने आई–

इक संगतराश[7] जिसने बरसों  
हीरों की तरह सनम[8] तराशे  
आज अपने सनमकदे[9] में तन्हा  
मजबूर, निढाल, ज़ख़्मखुर्दा[10]  
दिन रात पड़ा कराहता है।

खुद फ़िराक़ साहब पर फ़राज़ की इस नज़्म ने इतना गहरा तास्सुर मुरत्तिब[11] किया था कि कई रोज़ तक वह अपने हर मुलाक़ाती को यह नज़्म सुनाते रहे।

फ़राज़ ने अपनी शायरी को न तो किसी ख़ासी वज़ा[12] का पाबंद होने दिया, न क़दीमो-जदीद[13] के माबैन[14] कोई हद मुक़रिर[15] की। हमारे अहद[16] के आम जदीद शायरों के बरअक्स[17], फ़राज़ की शायरी का उक़्बा पर्दा[18] मग़रबी-ज़बानों[19] के अदब[20]

---

1. अच्छे प्रसिद्ध, 2. लोकप्रियता, 3. एतराज़ जताओ, 4. परिचय, 5. प्रारंभिक, 6. प्रकाशित, 7. पत्थर तराशने वाला, 8. मूर्ति, 9. मूर्ति घर, मंदिर, 10. घाव से परेशान, 11. प्रभाव डालना, 12. वाद, नियम, 13. पुराने-नए, 14. बीच, 15. सीमा स्थापित, 16. युग, 17. विपरीत, 18. परलोकी पर्दा, 19. पश्चिमी भाषाओं 20. साहित्य

या शे'री हव्यतों[1] की बजाय फ़ारसी और उर्दू की क्लासीकी शायरी ने मुहय्या किया है। उनकी ज़बानो-बयान में फ़ारसी ग़ज़ल और उर्दू की क्लासीकी ग़ज़ल के रंग साफ़ झलकते हैं। उस्तादज़ा[2] की ज़मीनों में उन्होंने बहुत सी ग़ज़लें कही हैं और उनमें भी उनकी तरज़ीहात[3] सौदा, मीर, मुसहफ़ी, आतश, ग़ालिब के क़ायम-कर्दा-असालीब[4] की पाबंद हैं। फ़राज़ का इम्तियाज़[5] यह है कि उस्तादज़ा की पैरवी करते हुए भी वह अपना तशखुस[6] महफ़ूज़[7] रखते हैं और उस्तादज़ा के शब-चिराग़ की रोशनी से फ़ैज़ उठाने के बावजूद अपनी तख़लीक़ियत[8] को बुझने नहीं देते। मिसाल के तौर पर उनकी ग़ज़लों से ये चंद अशआर देखिए :

कज[9] अदाओं की इनायत[10] है कि हमसे इश्शाक़[11]
कभी दीदार के पीछे कभी दीदार के बीच
तुम होना खुश तो यहाँ कौन है खुश फिर भी फ़राज़
लोग रहते हैं इसी शहरे-दिल-आज़ार[12] के बीच

मुहब्बतों का भी मौसम है जब गुज़र जाए
सब अपने-अपने घरों को तलाश करते हैं।

सुना है कल जिन्हें दस्तारे-इफ़्तिख़ार[13] मिली
वह आज अपने सरों को तलाश करते हैं।
रात क्या सोए कि बाक़ी उम्र की नींद गई
ख़्वाब क्या देखा कि धड़का लग गया ताबीर[14] का

अब तो हमें भी तर्के-मिरासिम[15] का दुख नहीं
पर दिल यह चाहता है कि आग़ाज़[16] तू करे

अब तो हम घर से निकलते हैं तो रख देते हैं
ताक़ पर इज़्ज़ते-सादात[17] भी दस्तार[18] के साथ

हमको इस शहर में तामीर[19] का सौदा है जहाँ
लोग मेमार[20] को चुन देते हैं दीवार के साथ

---

1. सीमाओं, 2. गुरुओं, 3. प्राथमिकताएँ, 4. स्थापित रूपाकार ढंग, 5. परिचय, 6. अस्तित्व, 7. सुरक्षित, 8. रचनात्मकता, 9. कुटिल, वक्र, 10. कृपा, 11. प्रेमी, 12. जख्मी दिल शहर, 13. पगड़ी का सम्मान, 14. साकार, 15. संबंध-विच्छेद, 16. प्रारंभ, 17. सैयदों की इज़्ज़त, 18. पगड़ी, 19. निर्माण। 20. निर्माता

इतने सुकून के दिन कभी देखे न थे 'फ़राज़'
आसूदगी[1] ने मुझको परेशान कर दिया

रूके तो गर्दिशें उसका तवाफ़[2] करती हैं
चले तो उसको ज़माने ठहर के देखते हैं।

राहे-वफ़ा[3] में हरीफ़े-ख़राम[1] कोई तो हो
सो अपने आप से आगे निकलके देखते हैं।

इन अशआर से जो मौज़ेक बनता है, उससे एक रोमानी, एक नवक्लासीकी, एक जदीद, एक बाग़ी शायर की तस्वीर एक साथ सामने आती है। फ़राज़ की हैसीयत[5] के एक साथ कई नाम हैं, एक साथ कई चेहरे। इनमें नुमायाँ[6] सूरतें[7] दो हैं। एक तो किसी अज़्ली[8] और अब्दी[9] आशिक़ की, दूसरे एक रेडिकल, हस्सास[10], जज़्बाती इक़लाबी की जो गिर्दो-पेश की ज़िंदगी से ग़ैर-मुत्मईन और अपने माहौल से बरसरे-पैकार दिखाई देता है। फ़ैज़ के बाद फ़राज़ का नाम इस हैसियत से नुमायाँ-तरीन कहा जा सकता है कि उनकी बसीरतों[11] का पसमंज़र उनकी अदबी-रिवायत[12], उन तक सीना-ब-सीना मनतक़िल[13] होने वाली क्लासीकी क़द्रों के अलावा उनके ज़माने की इज्तिमाई[14] जिंदगी और उनकी तारीख़ ने भी साथ-साथ मुरत्तिब[15] किया है। फ़िराक़ इस तरह एक साथ रिवायती भी हैं और जदीद भी। जिस मआसिर अदब[16] (बिल खुसूस पाकिस्तान में तख़्लीक़ किए जाने वाले अदब) की मर्कज़ी[17] रिवायत का नाम दिया जा सकता है, अपनी सबसे मानूस और मारूफ़[18] शकलों में फ़ैज़ के बाद हबीब जालिब और फ़राज़ के यहाँ रूनुमा हुई। फ़राज़ की नज़्मों और ग़ज़लों में नाला इस ख़ामोशी के साथ नग़मा बनता है और शे'री तजुर्बा ऐसे ख़ुदकार अंदाज़ में अवामी और इज्तिमाई वारदात की शक्ल अख़्तियार कर लेता है कि उनके शे'र सुनने या पढ़ने वाले के इदराक[19] पर उनकी कोई बात भी बोझ नहीं बनती।

मुझे तेरे दर्द के अलावा
भी और दुख थे यह मानता हूँ
हज़ार ग़म थे जो ज़िंदगी की
तलाश में थे यह जानता हूँ
मुझे ख़बर थी कि तेरे आँचल
में दर्द की रेत छानता हूँ

---

1. संपन्नता, 2. परिक्रमा, 3. प्रेम का पथ, 4. प्रतिद्वंदी साथी, 5. हैसीयत 6. प्रदर्शित, 7. स्थिति, 8. आरंभिक, 9. अंतिम, 10. संवेदनशील, 11. दृष्टिकोण, 12. परंपरा, 13. हस्तांतरित, 14. सामूहिक, 15. संयोजित, 16. प्रतिनिधि साहित्य, 17. जानी-पहचानी, 18. दुख-संत्रास, 19. बुद्धि, मस्तिष्क

मगर हर एक बार तुझको छूकर
यह रेत रंगे-हिना[1] बनी है
यह ज़ख़्म गुलज़ार बन गए हैं
यह आहे-सोज़ाँ घटा बनी है
यह दर्द मौजे-सबा[2] बनी है
यह आग दिल की सदा बनी है
और अब यह सारी मताए-हस्ती[3]
यह फूल यह ज़ख़्म सब तेरे हैं
यह दुख के नोहे[4] यह सुख के नग़में
जो कल मेरे थे वो अब तेरे हैं
जो तेरी क़ुरबत[5] तेरी जुदाई
में कट गए रोज़ो-शब[6] तेरे हैं

(ये मेरी ग़ज़लें, ये मेरी नज़्में)

यह कौन मासूम हैं
कि जिनको
स्याह[7] आँधी
दीये समझकर बुझा रही है
उन्हें कोई जानना नहीं है
उन्हें कोई जानना न चाहे
यह किस क़बिले के सरबकफ़-जॉनिसार[8] हैं
जिनको कोई पहचानना न चाहे
कि उनकी पहचान इम्तहान है
न कोई बच्चा, न कोई बाबा, न कोई माँ है
महल सराओं में खुश-मुक़द्दर[9]
शय्यूख़[10] चुप
बादशाह चुप हैं
हरम के पासबान[11]
आलम पनाह चुप है।
तमाम अहले-रिया[12] कि जिनके लबों पे है
'लाइलिहा' चुप हैं

(—बेरूत-1)

---

1. मेहंदी का रंग 2. सुबह की हवा, 3. वजूद की पूँजी, 4. शोकगीत, 5. प्रेम, 6. दिन-रात, 7. काली, 8. सर पर कफ़न बांध, जान देने वाले, 9. अच्छा भाग्यशाली, 10. शेख़, 11. पहरेदार, 12. तमाम जनता

कौन इस क़त्ल-गाहे-नाज़[1] के समझे इसरार
जिसने हर दश्ना[2] को फूलों में छुपा रखा है
अमन की फ़ाख़्ता उड़ती है निशाँ पर लेकिन
नस्ले-इंसाँ को सलीबो[3] पे चढ़ा रखा है
इस तरफ़ नुत्क़[4] की बाराने-करम[5] और इधर
कासाए-सर[6] से मीनारों को सजा रखा है।

(–सलामती कौउंसिल)

मुझे यक़ीन है
कि जब भी तारीख़ की अदालत में
वक़्त लाएगा
आज के बे-जमीर-व-दीदा-दलेर क़ातिल[7] को
जिसके दामानों-आसतीं
खून बेगुनाही से तरबतर हैं
तू नस्ले-आदम
वुफूर-नफ़रत[8] से सुए-क़ातिल पे थूक देगी
मगर मुझे इसका भी यक़ीन है
कि कल की तारीख़
नस्ले-आदम से यह पूछेगी
ऐ-मुहज़्ज़ब जहाँ[9] की मख़लूक़[10]
कल तेरे रूबरू यही बेज़मीर क़ातिल
तेरे क़बीले के बेगुनाहों को
जो तहतेग़[11] कर रहा था
तो तू तमाशाइयों की सूरत
ख़ामोश व बेहिस
दरिंदगी के मुज़ाहरे[12] में शरिक
क्यों देखती रही है
तेरी यह सब नफ़रतें कहाँ थीं
बता कि इस जुल्म-कैश क़ातिल की तेग़बर्रा[13] में
और तेरी मसलेहत के तीरों में
फ़र्क़ क्या है?

---

1. दबाव, 2. चाकू, 3. फाँसी, 4. वाणी, 5. वर्षा की कृपा, 6. सिर के कटोरों 7. हृदयविहीन, बेशर्म हत्यारा, 8. प्रभु घृणा, 9. सभ्यसंसार, 10. रचना, 11. हत्या, 12. प्रदर्शन 13. तलवार की धार

तो सोचता हूँ
कि हम सभी क्या जवाब देंगे

(—वियतनाम)

ज़ाहिर है कि यहाँ शायरी और ज़िंदगी की हदें इस तरह गडमड हो गई हैं कि एक को दूसरे से अलग करना मुमकिन नहीं। लेकिन कभी-कभी शायर को अपने एहसासात की क़ीमत इस तरह भी अदा करनी पड़ती है। वह एक ऐसा तख़लीक़ी फ़रीज़ा[1] है, जिसकी अदाएगी से डरना और बचना, अपने को धोखा देना है।

मेरा क़लम तो अमानत है मेरे लोगों की
मेरा क़लम तो अदालत मेरे ज़मीर[2] की है
इसीलिए जो लिक्खा तपाके-जाँ से लिखा
जभी तो लोच कमाँ का, ज़बान तीर की है

मैं कट गिरूँ कि सलामत रहूँ यकीं है मुझे
कि ये हिसारे-सितम[3] कोई तो गिराएगा
तमाम उम्र की ईज़ा[4] नसीबियों की क़सम
मेरे कलम का सफ़र रायगाँ[5] न जाएगा

**शमीम हन्फ़ी**

---

1. रचनात्मक कर्तव्य 2. अतंस, अंतर्मन, 3. दुख की सीमा, 4. पीड़ा, 5. व्यर्थ।

## ये मेरी गज़लें

## ये मेरी नज़्में

# ग़ज़लें

*मेरा क़लम तो अमानत है मेरे लोगों की*
*मेरा क़लम तो अदालत मेरे ज़मीर की है*

नशा-ए-गेसुए[1] शबे-ताबाँ[2] कहाँ
आँख खुल जाए तो फिर ख़्वाब कहाँ

जी जलाते हैं सहर[3] के झोंके
खो गया चश्मा-ए-महताब[4] कहाँ

शहर सुनसान है सहरा[5] की तरह
अब वह हंगामा-ए-अहबाब[6] कहाँ

सतह-दरिया[7] तो है हमवार[8] मगर
बस्तियाँ हो गयीं ग़रक़ाब[9] कहाँ

तल्ख़ी-सम[10] है लबों के मसतक
कोई पी जाए तो ज़हराब[11] कहाँ

इश्क़ इक कोहे-गिराँ[12] था पहले
अब मोहब्बत के वह आदाब कहाँ

अब कहाँ अहले-वफ़ा[13] मिलते हैं
पहले हमलोग थे नायाब[14] कहाँ

अब तो धड़कन से भी जी रुकता है
अब यह दिल पारा-ए-सीमाब[15] कहाँ

1. जुल्फ़ों के नशे से 2. भरपूर प्रभावमान रात 3. सुबह 4. चाँद को देखने की नज़र 5. रेगिस्तान 6. आपस की महफिल 7. दरिया की सतह 8. पहुँच के अंदर 9. डूबना 10. विष का तीखापन 11. ज़हरीला (पानी) 12. पहाड़ सा कठिन 13. प्रेम करने वाले 14. अजूबे, दुर्लभ 15. पारा

तेरी बातें ही सुनाने आए
दोस्त भी दिल ही दुखाने आए

फूल खिलते हैं तो हम सोचते हैं
तेरे आने के ज़माने आए

ऐसी कुछ चुप सी लगी है जैसे
हम तुझे हाल सुनाने आए

इश्क़ तन्हा है सरे-मंज़िले ग़म
कौन यह बोझ उठाने आए

अजनबी दोस्त हमें देख कि हम
कुछ तुझे याद दिलाने आए

दिल धड़कता है सफ़र के हंगाम
काश फिर कोई बुलाने आए

अब तो रोने से भी दिल दुखता है
शायद अब होश ठिकाने आए

क्या कहीं फिर कोई बस्ती उजड़ी
लोग क्यों जश्ने मनाने आए

सो रही मौत के पहलू में 'फ़राज़'
नींद किस वक़्त न जाने आए

किस को गुमाँ[1] है अबके मेरे साथ तुम भी थे
हाय वो रोज़ो-शब[2] कि मेरे साथ तुम भी थे

यादश बख़ैर[3] अहदे-गुज़श्ता[4] की सोहबतें[5]
एक दौर था अजब कि मेरे साथ तुम भी थे

बे-महरी-ए-हयात[6] की शिद्दत के बावजूद
दिल मुत्मईन[7] था जब कि मेरे साथ तुम भी थे

मैं और तक़ाबिले-ग़मे-दौराँ[8] का हौसला
कुछ बन गया सबब कि मेरे साथ तुम भी थे

इक ख़्वाब हो गई है रहो-रस्म[9] दोस्ती
एक वहम सा है अब कि मेरे साथ तुम भी थे

वो बज़्म[10] मेरे दोस्त याद तो होगी तुम्हें 'फ़राज़'
वो महफ़िले-तरब[11] कि मेरे साथ तुम भी थे

1. भ्रम 2. रात दिन 3. अच्छी याद 4. बीते दिनों की 5. साथ 6. मूल्यहीन जीवन 7. संतुष्ट 8. दुखों के समय की तुलना 9. प्रेम व्यवहार 10. महफ़िल 11. अच्छी महफ़िल, ख़ुशी की महफ़िल

दिल को अब यूँ तेरी हर एक अदा लगती है
जिस तरह नशे की हालत में हवा लगती है

रतजगे ख़्वाब परेशाँ से कहीं बेहतर[1] हैं
लरज़ उठता हूँ अगर आँख ज़रा लगती है

ऐ, रगे-जाँ[2] के मकीं[3] तू भी कभी ग़ौर से सुन
दिल की धड़कन तेरे क़दमों की सदा[4] लगती है

गो दुखी दिल को हमने बचाया फिर भी
जिस जगह ज़ख़्म हो वाँ[5] चोट सदा लगती है

शाख़े-उम्मीद[6] पे खिलते हैं तलब[7] के ग़ुन्चे[8]
या किसी शोख़ के हाथों में हिना[9] लगती है

तेरा कहना कि हमें रौनक़े-महफ़िल में 'फ़राज़'
गो तसल्ली[10] है मगर बात खुदा लगती है

1. अच्छा 2. धमनियों 3. रहने वाले 4. आवाज़ 5. वहाँ 6. आशा की शाखा 7. इच्छा, अपेक्षा 8. फूल 9. मेंहदी 10. संतोष

रंजिश[1] ही सही दिल को दुखाने के लिए आ
आ फिर से मुझे छोड़कर जाने के लिए आ

कुछ तो मेरे पिंदारे-मोहब्बत[2] का भ्रम रख
तू भी तो कभी मुझको मनाने के लिए आ

पहले से मरासिम[3] न सही फिर भी कभी तो
रस्मो-रहे[4] दुनिया ही निभाने के लिए आ

किस-किस को बताएँगे जुदाई का सबब[5] हम
तू मुझसे ख़फ़ा[6] है तो ज़माने के लिए आ

एक उम्र से हूँ लज़्ज़ते-गिरया[7] से भी महरूम[8]
ऐ राहते-जाँ[9] मुझको रूलाने के लिए आ

अब तक दिले-खुश फ़हम को तुझसे हैं उम्मीदें
यह आख़िरी शम्एँ भी बुझाने के लिए आ

1. दुश्मनी 2. प्रेम का अहं 3. व्यवहार 4. औपचारिकता, शिष्टाचार 5. कारण 6. रुष्ट 7. रुदन का स्वाद 8. अजूता 9. जीवन को तुष्ट करने वाली

तुरबतों[1] में भी जुदाई के ज़माने माँगे
दिल वह बेमहर[2] कि रोने के बहाने माँगे

हम न होते तो किसी और के चर्चे होते
ख़िलक़ते-शहर[3] तो कहने को फ़साने माँगे

यही दिल था कि तरसता था मरासिम[4] के लिए
अब यही तर्के-ताल्लुक़[5] के बहाने माँगे

अपना यह हाल कि जी हार चुके लुट भी चुके
और मोहब्बत वही अंदाज़ पुराने माँगे

ज़िंदगी हम तेरे दाग़ों से रहे शर्मिंदा
और तू है कि सदा[6] आइना-ए-ख़ाने[7] माँगे

दिल किसी हाल पर क़ाना ही नहीं जाने 'फ़राज़'
मिल गए तुम भी तो क्या और न जाने माँगे

1. क़ब्रों 2. दयाहीन 3.शहर का स्वभाव 4. संबंध 5. संबंध-विच्छेद 6. सदैव 7. आईने का घर

जुज़[1] तेरे कोई भी दिन रात न जाने मेरे
तू कहाँ है मगर ऐ दोस्त पुराने मेरे

तू भी ख़ुश्बू है मगर मेरा तजस्सुस[2] बेकार
बर्गे-आवारा[3] की मानिंद[4] ठिकाने मेरे

शमा की लौ थी कि वह तू था मगर हिज्र[5] की रात
देर तक रोता रहा कोई सिरहाने मेरे

ख़ल्क़[6] की बेख़बरी है कि मेरी रुसवाई
लोग मुझ को ही सुनाते हैं फ़साने मेरे

लुटके भी ख़ुश हूँ कि अश्कों[7] से भरा है दामन
देख ग़ारत-गर[8] दिल ये भी ख़ज़ाने माँगे

आज इक और बरस बीत गया उसके बग़ैर
जिसके होते हुए होते थे ज़माने मेरे

*क़ाफ़*

काश तू भी मेरी आवाज़ कहीं सुनता हो
फिर पुकारा है तुझे दिल की सदा ने मेरे

काश तू भी कभी आजाए मसीहाई को
लोग आते हैं बहुत दिल को दुखाने मेरे

1. बिना 2. जिज्ञासा 3. आवारा पत्ते 4. भाँति 5. जुदाई 6. ब्रह्मांड, प्रकृति 7. आँसू 8. विनाशक

काश औरों की तरह मैं भी कभी कह सकता
बात सुन ली है मेरी, आज ख़ुदा ने मेरे

तू है किस हाल में ऐ ज़दो-फ़रामोश[9] मेरे
मुझको तो छीन लिया अहदे-वफ़ा[10] ने मेरे

चारागर[11] यूँ तो बहुत हैं मगर ऐ जाने 'फ़राज़'
जुज़ तेरे और कोई ज़ख़्म न जाने मेरे

9. भूलने के चक्कर में 10. प्रेम के समय 11. चिकित्सक, उपचारक

ख़ामोश हो क्यों, दादे-जफ़ा[1] क्यों नहीं देते
बिस्मिल[2] हो तो क़ातिल को दुआ क्यों नहीं देते

वहशत[3] का सबब[4] रौज़ने-ज़िंदाँ[5] तो नहीं है
महरोमा-व-अंजुम[6] को बुझा क्यों नहीं देते

इक ये भी तो अंदाज़े-इलाजे-ग़मे जाँ है
ऐ चारागरो, दर्द बढ़ा क्यों नही देते

मुंसिफ़[7] हो अगर तुम तो कब इंसाफ़ करोगे?
मुजरिम[8] हैं अगर हम तो सज़ा क्यों नहीं देते?

रहज़न[9] हो तो हाज़िर है मताए-दिलो-जाँ[10] भी
रहबर[11] हो तो मंज़िल का पता क्यों नहीं देते

क्या बीत गई अबके 'फ़राज़' अहले-चमन[12] पर
याराने-क़फ़स[13] मुझको सदा क्यों नहीं देते

1. अन्याय, अत्याचार को समर्थन 2. घायल 3. भय 4. कारण 5. जीवित छिद्र 6. चाँद-तारों 7. न्यायविद् 8. अपराधी 9. पथभ्रष्ट, लूटनेवाले 10. दिल, जान की शक्ति 11. पथिक 13. चमनवालों 13. क़ैद में रहने वाले

दिल बहलता है कहाँ अंजुमो-महताब[1] से भी
अब तो हमलोग गए दीदा-ए-महताब[2] से भी

रो पड़ा हूँ तो कोई बात ही ऐसी होगी
मैं कि वाक़िफ़[3] था तेरे हिज्र के आदाब[4] से भी

कुछ तो उस आँख का शेवा[5] है ख़फ़ा हो जाना
और कुछ भूल हुई है दिले-बेताब[6] से भी

ऐ समुंद्र की हवा तेरा करम[7] भी मालूम
प्यास साहिल[8] की तो बुझती नहीं सैलाब[9] से भी

कुछ तो उस हुस्न को जाने है ज़माना सारा
और कुछ बात चली है मेरे अहबाब[10] से भी

दिल कभी ग़म के समुंद्र का शनावर[11] था 'फ़राज़'
अब तो ख़ौफ़ आता है इक मौजए-पायाब[12] से भी

1. चाँद-तारों 2. चाँद देखने 3. परिचित 4. जुदाई के ढंग 5. आदत 6.बेचैन, व्यथित हृदय 7. कृपा 8. किनारे 9. बाढ़ 10. मित्र, परिचित 11. तैरने वाला 12. छिछला ज्वार

क्या ऐसे कम-सुख़न[1] से कोई गुफ़्तगु करे
जो मुस्तक़िल[2] सकूत[3] से दिल को लहू[4] करे

अब तो हमें भी तर्के-मरासिम[5] का दुख नहीं
पर दिल ये चाहता है कि आग़ाज़[6] तू करे

तेरे बग़ैर भी तो ग़नीमत है ज़िंदगी
ख़ुद को गँवाके कौन तेरी जुस्तजू[7] करे

अब तो यह आरज़ू[8] है कि वो ग़म भी खाइए
ता-ज़िंदगी ये दिल ना कोई आरज़ू करे

तुझको भुलाके दिल है वो शर्मिंदा-ए-नज़र
अब कोई हादसा ही तेरे रूबरू करे

चुपचाप अपनी आग में जलते रहो 'फ़राज़'
दुनिया तो अर्ज़े-हाल[9] से बे-आबरू[10] करे

1. कम बोलने वाले 2. निरंतर 3. इत्मिनान 4. ज़ख़्मी 5. संबंध-विच्छेद 6. प्रारंभ 7. चाहत 8. आकांक्षा 9. हाल समाचार 10. अपमानित

हर एक बात न क्यों ज़हर सी हमारी लगे
कि हम को दस्ते-ज़माना[1] से ज़ख़्म-कारी[2] लगे

उदासियाँ हो मुसल्सल[3] तो दिल नहीं रोता
कभी-कभी हो तो यह कैफ़ीयत[4] भी प्यारी लगे

बज़ाहिर[5] एक ही शब[6] है फ़राक़े-यार[7] मगर
कोई गुज़ारने बैठे तो उम्र सारी लगे

इलाज उस दिले-दर्द आशना[8] का क्या कीजै
कि तीर बन कर जिसे हर्फ़[9] ग़मगुसारी[10] लगे

हमारे पास भी बैठो बस इतना चाहते हैं
हमारे साथ तबियत अगर तुम्हारी लगे

'फ़राज़' तेरे जुनूँ[11] का ख़्याल है वर्ना
यह क्या ज़रूर वह सूरत सभी को प्यारी लगे

1. युग के हाथों 2. घाव के साथ छेड़छाड़ 3. निरंतर 4. हाल 5. स्पष्टतः, प्रत्यक्षतः 6. रात्रि 7. मित्र की जुदाई 8. जाने-बूझे दिल के दर्द 9. अक्षर 10. दुख के साथ मज़ाक़ 11. पागलपन

ज़ख़्म को फूल तो सर्र-सर्र[1] को सबा[2] कहते हैं
जाने क्या दौर है क्या लोग हैं क्या कहते हैं

क्या क़यामत है कि जिनके लिए रुक-रुक के चले
अब वही लोग हमें आबला-पा[3] कहते हैं

कोई बतलाओ कि एक उम्र का बिछड़ा महबूब[4]
इत्तिफ़ाक़न[5] कहीं मिल जाए तो क्या कहते हैं

यह भी अंदाज़े-सुख़न[6] है कि जफ़ा[7] को तेरी
ग़मज़ा-व-इशूवा[8]-व-अंदाज़ो-अदा कहते हैं

जब तलक[9] दूर है तो तेरी परस्तिश[10] कर लें
हम जिसे छू न सकें उसको ख़ुदा कहते हैं

क्या ताज्जुब है कि हम अहले-तमन्ना[11] को 'फ़राज़'
वह जो महरूमे-तमन्ना[12] हैं बुरा कहते हैं

1. सुबह बहने वाली मंद-मंद हवा 2. प्रातः बयार 3. ज़ख़्मी पैर वाला 4. प्रिय 5. संयोगवश 6. बातचीत का अंदाज़ 7. बेवफ़ाई 8. हाव-भाव 9. तक 10. पूजा 11. इच्छा वालों 12. इच्छा से वंचित रहने वाले

दोस्त बनकर भी नहीं साथ निभाने वाले
वही अंदाज़ है ज़ालिम का ज़माने वाले

अब उसे लोग समझते हैं गिरफ़्तार मेरा
सख़्त नादिम[1] है मुझे दाम में लाने वाला

सुबह-दम[2] छोड़ गया निकहते-गुल[3] की सूरत
रात को ग़ुंचाए-दिल[4] में सिमट आने वाला

क्या कहें कितने मरासिम थे हमारे उस से
वह जो इक शख़्स है मुँह फेर कर जाने वाला

तेरे होते हुए आजाती थी सारी दुनिया
आज तन्हा[5] हूँ तो कोई नहीं आने वाला

मुंतज़िर[6] किसका हूँ टूटी हुई दहलीज़ पर मैं
कौन आएगा यहाँ कौन है आने वाला

क्या ख़बर थी जो मेरी जाँ में घुला है इतना
है वही मुझको सरेदार[7] भी लाने वाला

मैंने देखा है बहारों में चमन को जलते
है कोई ख़्वाब की ताबीर[8] बताने वाला

तो तकल्लुफ़[9] को भी इख़लास[10] समझते हो 'फ़राज़'
दोस्त होता नहीं हर हाथ मिलाने वाला

1. लज्जित 2. प्रातः प्राण 3. फूल 4. दिल की कली 5. अकेला 6. प्रतिक्षारत 7. द्वार तक 8. साकार 9. औपचारिकता 10 व्यवहार, प्रेम

पयाम[1] आए हैं उस यार बेवफ़ा के मुझे
जिसे क़रार न आया कहीं भुलाके मुझे

जुदाइयाँ हों तो ऐसी कि उम्र भर न मिलें
फ़रेब[2] दो तो ज़रा सिलसिले बढ़ाके मुझे

नशे से कम तो नहीं यादे-यार का आलम[3]
कि ले उड़ा है कोई दोश[4] पर हवा के मुझे

मैं खुद को भूल चुका था मगर जहाँ वाले
उदास छोड़ गए आईना दिखा के मुझे

तुम्हारे बाम[5] से अब कम नहीं है रिफ़अते-दार[6]
जो देखना हो तो देखो नज़र उठाके मुझे

बिछी हुई है मेरे आँसुओं में इक तस्वीर
'फ़राज़' देख रहा है वह मुस्कुराके मुझे

1. संदेश 2. धोखा 3. समय 4. कंधा 5. छत 6. दोस्त, प्रेमी की ऊँचाई

करूँ न याद, मगर किस तरह भुलाऊँ उसे
ग़ज़ल बहा न करूँ और गुनगुनाऊँ उसे

वह ख़ार-ख़ार[1] है शाख़े-गुलाब[2] की मानिंद
मैं ज़ख़्म-ज़ख़्म हूँ फिर भी गले लगाऊँ उसे

यह लोग तज़किरा[3] करते हैं अपने लोगों के
मैं कैसे बात करूँ अब कहाँ से लाऊँ उसे

मगर वह ज़दो-फ़रामोश[4], ज़दो-रंज[5] भी है
कि रूठ जाए, अगर याद दिलाऊँ उसे

वही जो दौलते-दिल है वही जो राहते-जाँ[6]
तुम्हारी बात पर ऐ नासेहो[7]! गँवाऊँ उसे

जो हम सफ़र सरे-मंज़िल[8] रहा है 'फ़राज़'
अजब नहीं है अगर याद भी न आऊँ उसे

1. काँटा-काँटा 2. गुलाब की शाख़ा 3. वर्णन 4. भूलने के चक्कर 5. नाराज़गी के चक्कर में 6. दिल को शांति, तुष्टि 7. सीख देने वालों 8. सहयात्री

मुनतज़िर कब से तहैयुर[1] है तेरी तहरीर[2] का
बात कर, तुझ पर गुमाँ होने लगा तस्वीर का

रात क्या सोए कि बाक़ी उम्र की नींद उड़ गई
ख़्वाब क्या देखा कि धड़का लग गया ताबीर[3] का

कैसे पाया था तुझे फिर किस तरह खोया तुझे
मुझ सा मुन्किर[4] भी तो क़ायल[5] हो गया तक़दीर का

जिस तरह बादल का साया प्यास भड़काता रहे
मैंने यह आलम भी देखा है तेरी तस्वीर का

जाने किस आलम में तू बिछड़ा कि है तेरे बग़ैर
आज तक हर नक़्शे-फ़रियादी[6] मेरी तहरीर का

इश्क़ में सर फोड़ना भी क्या कि यह बे-महर[7] लोग
जूए-ख़ूँ[8] को नाम दे देते हैं जूए-शीर[9] का

जिसको भी चाहा उसे शिद्दत से चाहा है 'फ़राज़'
सिलसिला टूटा नहीं है दर्द की ज़ंजीर का

1. आश्चर्य 2. लिखावट लेखनी 3. सपने सच होने 3. विरोधी 5. समर्थक 6. फ़रियाद, पुकार करने वाला 7. दयाहीन 8. ख़ून की भूख 9. दूध की भूख

मैं कि पुरशोर समुंद्र थे मेरे पाँव में
अबके डूबा हूँ तो सूखे हुए दरियाओं में

नामुरादी[1] का यह आलम है कि अब याद नहीं
तू भी शामिल था कभी मेरी तमन्नाओं में

दिनके ढलते ही उजड़ जाती हैं आँखें ऐसे
जिस तरह शाम को बाज़ार किसी गाँव में

चाके-दिल[2] सी कि न सी, ज़ख़्म की तौहीन[3] न कर!
ऐसे क़ातिल तो न थे मेरे मसीहाओं में

ज़िक्र उस ग़ैरत मरियम का जब आता है 'फ़राज़'
घंटियाँ बजती हैं लफ़्ज़ों के कलीसाओं में

1. नाउम्मीदीं 2. टुकड़े-टुकड़े 3. अपमान

तुम भी ख़फ़ा हो लोग भी बरहम[1] हैं दोस्तो
अब हो चला यक़ीं कि बुरे हम हैं दोस्तो

किसको हमारे हाल से निस्बत[2] है क्या कहें
आँखें तो दुश्मनों की भी पुरनम[3] हैं दोस्तो

अपने सिवा हमारे न होने का ग़म किसे
अपनी तलाश में तो हमीं हम हैं दोस्तो

कुछ आज शाम ही से है दिल बुझा-बुझा
कुछ शहर के चराग़ भी मद्धिम हैं दोस्तो

उस शहरे-आरज़ू से भी बाहर निकल चलो
अब दिल की रौनक़ें भी कोई दम हैं दोस्तो

सब कुछ सही 'फ़राज़' पर इतना ज़रूर है
दुनिया में ऐसे लोग बहुत कम हैं दोस्तो

1. नाराज़ 2. लगाव 3. लबालब

जुंबिशे-मिज़्गाँ[1] कि हरदम दिल कुशा-ए[2]-जख़्म है
जो नज़र उठती है गोया आशनाए-जख़्म है

देख़ना आइने-मक़्तल[3], दिलफ़िगाराने[4] वफ़ा
इल्तिफ़ाते-तेग़े-क़ातिल[5] ख़ूँ बहाए ज़ख़्म है

बस कि जोशे फ़स्ले-गुल[6] से खिल गए सीनों के चाक
ख़ंदाए-गुल[7] भी हम-आहंगे[8] सदाए-ज़ख़्म है

आ तमाशा कर कभी ऐ बेनियाज़े-शामेग़म[9]
दीदाए बेख़्वाब भी चाके-क़बाए[10] ज़ख़्म है

किस से जुज़ दीवार मिज़्गाँ, सैले-दर्दे दिल[11] रुके
साहिले-दरियाए ख़ूँ लब आशनाए ज़ख़्म है

ज़ब्ते-गिरया[12] चश्मे-ख़ूँ-बस्ता[13] को था अक़्दा-कुशा[14]
रह गया था दिल में जो आँसू बिनाए-ज़ख़्म[15] है

शोलए-अफ़सुरदगी[16] है शम्माए-फ़ानूसे-ख़्याल[17]
दाग़ क्या है दिल से पैमाने-वफ़ाए-ज़ख़्म[18] है

1. पलकों का हिलना-डुलना 2. अनजान 3. दर्पण टूटने की जगह 4. घायल हृदय 5. हत्या करनेवाले की तलवार 6. फूलों की फसल 7. अच्छा फूल 8. साथ-साथ 9. शाम के ग़म से अछूता 10. फटे कपड़े, परिधान 11. दिल के दर्द की प्रबलता 12. संयम की शक्ति 13. रक्तबद्ध दृष्टि, आँख, 14. स्पष्ट ग्रंथि, समस्या 15. घायल 16. शांत ज्वाला 17. दीपक का विचार 18. प्रेम प्रमाणिकता का घाव

अब तो दामन तक पहुँच आया सरे-चाके जुनूँ
हम तो समझे थे कि बस दिल इन्तहाए-ज़ख़्म[19] है

सिलसिला हाय-तलब[20] से रस्तगारी[21] है किसे
दिल हलाके-नावक-नावक[22] फ़िदाए-ज़ख़्म[23] है

चारागर ने बहरे-तस्कीं[24] रख दिया है दिल पर हाथ
मेहरबाँ है वह मगर नाआशनाए-ज़ख़्म है

मेरी वहशत कब हुई उरयानी[25] 'फ़राज़'
कल बदन पर पैरहन था, अब रुदाए-ज़ख़्म[26] है

19. अंततः घाव 20. चाहत 21. मोक्ष, मुक्ति 22. तीर-तीर बाण-बाण 23. घाव करने को आतुर 24. संतुष्टि का 25. नंगी, स्पष्ट 26. घाव की कथा

अबके हम बिछड़े तो शायद कभी ख़्वाबों में मिले
जिस तरह सूखे हुए फूल किताबों में मिले

ढूँढा उजड़े हुए लोगों में वफ़ा के मोती
ये ख़ज़ाने तुझे मुमकिन है ख़राबों में मिले

ग़मे दुनिया भी ग़मे-यार में शामिल कर लो
नशा बढ़ता है शराबें जो शराबों में मिले

तू ख़ुदा है न मेरा इश्क़ फ़रिश्तों जैसा
दोनों इनसाँ हैं तो क्यों इतने हिजाबों[1] में मिले

आज हम द्वार पे खींचे गए जिन बातों पर
क्या अजब कल वह ज़माने के निसाबों[2] में मिले

अब न वह मैं न वह तू है न वह माज़ी[3] है 'फ़राज़'
जैसे दो साये तमन्ना के सराबों[4] में मिले

1. पर्दों 2. पाठ्यक्रमों 3. अतीत 4. मृगमरीचिका

अबके तजदीदे-वफ़ा[1] का नहीं इम्काँ[2] जानाँ
याद क्या तुझको दिलाएँ तेरा पैमाँ[3] जानाँ

यूँ ही मौसम की अदा देख के याद आया है
किस क़दर जल्द बदल जाते हैं इंसाँ जानाँ

ज़िंदगी तेरी अता[4] थी सो तेरे नाम की है
हमने जैसे बसर की तेरा एहसाँ जानाँ

दिल यह कहता है कि शायद हो फ़सुर्दा[5] वह भी
दिल की क्या बात करें दिल तो है नादाँ जानाँ

*क़ाफ़*

अव्वल-अव्वल की मुहब्बत के नशे याद तो कर
बे पीये भी तेरा चेहरा था गुलिस्ताँ जानाँ

आख़िर-आख़िर तो यह आलम है कि अब होश नहीं
रगे-मीना सुलग उठी कि रगे-जाँ जानाँ

मुद्दतों[6] से यही आलम न तवक़्क़ो[7] न उम्मीद
दिल पुकारे ही चला जाता है जानाँ-जानाँ

हम भी क्या सादा थे हमने भी समझ रखा था
ग़मे-दौराँ[8] से जुदा है ग़मे-जानाँ-जानाँ

1. नवीन प्रेम 2. संभावना, अनुमान 3. वचन, प्रतिज्ञा 4. दी हुई 5. दुखी, उदास 6. बरसों 7. अपेक्षा 8. दुख के काल

अबके कुछ ऐसी सजी महफ़िले याराँ जानाँ
सर-ब-ज़ानू[9] है कोई सर बग़रीबाँ जानाँ

हर कोई अपनी ही आवाज़ से काँप उठता है
हर कोई अपने ही साये से हरासाँ[10] जानाँ

जिसको देखो वही ज़ंजीर-बपा[11] लगता है
शहर का शहर हुआ दाखिले-ज़िंदाँ[12] जानाँ

अब तेरा ज़िक्र भी शायद ही ग़ज़ल में आए
और से और हुए दर्द के उनवाँ[13] जानाँ

हम कि रूठी हुई रुत को भी मना लेते थे
हमने देखा ही न था मौसमे हिज्राँ[14] जानाँ

होश आया तो सभी ख़्वाब थे रेज़ा-रेज़ा[15]
जैसे उड़ते हुए औराक़े-परेशाँ[16] जानाँ

9. गोद में सर 10. व्याकुल, थका हुआ 11. ?? 12. जीवित लोगों में प्रविष्ट ज़ंजीर से लिपटा हुआ 13. शीर्षक 14. जुदाई का मौसम 15. कण-कण 16. व्यथित पृष्ठ

ऐ खुदा जो भी मुझे पिंदे-शकेबाई[1] दे
उसकी आँखों को मेरे ज़ख़्म की गहराई दे

तेरे लोगों से गिला है मेरे आइनों को
उनको पत्थर नहीं देता है तो बीनाई[2] दे

जिसके ईमाँ पे किया तर्के-ताल्लुक़ सबसे
अब वही शख़्स मुझे ताનाए-तन्हाई दे

यह दहन-ज़ख़्म[3] की सूरत है मेरे चेहरे पर
या मेरे ज़ख़्म को भर या मुझे गोयाई[4] दे

इतना बे-सरफ़ा[5] न जाए मेरे घर का जलना
चश्मे-गरियाँ[6] न सही चश्मे-तमाशाई दे

जिनको पैराहने-तौक़ीरो-शर्फ़[7] बख़्शा है
वह बरहना[8] हैं उन्हें खिलअते[9] रुस्वाई दे

क्या ख़बर तुझको कि किस वज़ा[10] का बिस्मिल है 'फ़राज़'
वह तो क़ातिल को भी इल्ज़ामे-मसीहाई दे

1. संतोष की सीख 2. रौशनी, दृष्टि 3. ज़ख़्मी चेहरे 4. चमत्कारिक शक्ति 5. बेकार 6. अच्छी दृष्टि 7. अच्छे परिधान पहनने का सलीक़ा, अवसर 8. नंगा 9.पर्दा की 10. भार

शगुफ़्ता[1] दिल हैं कि ग़म भी अता बहार की है
गुले-हबाब[2] हैं सर में हवा बहार की है

हजूमे जलवाए-गुल पर नज़र न रख कि यहाँ
जर्राहतों[3] के चमन पर रिदा[4] बहार की है

कोई तो लालए-ख़ूनें[5] कफ़न से भी पूछे
ये फ़स्ल चाके-जिगर[6] की है या बहार की है

मैं तेरा नाम न लूँ फिर भी लोग पहचानें
कि आप अपना तार्रुफ़[7] हवा बहार की है

शुमार[8] ज़ख्म अभी से 'फ़राज़' क्या करना
अभी तो जान मेरी इब्तिदा[9] बहार की है

1. फूल-सा 2. फूल का उठाव, बुलबुला 3. चीर-फाड़ करने वालों 4. चादर 5. ख़ून करने वाले 6. टूटे दिल 7. परिचय 8. गिनती 9. आरंभ

तुम से बिछड़ के हम भी मुक़द्दर के हो गए
फिर जो भी दर मिला उसी दर के हो गए

फिर यूँ हुआ कि ग़ैर को दिल से लगा लिया
अंदर वह नफ़रतें थीं कि बाहर के हो गए

क्या लोग थे कि जान से बढ़कर अज़ीज़[1] थे
अब दिल से मह्वे-नाम[2] भी अक्सर के हो गए

ऐ! यादे यार तुझसे करें क्या शिकायतें
ऐ दर्दे-हिज्र हम भी तो पत्थर के हो गए

समझा रहे थे मुझको सभी नासहाने-शहर[3]
फिर रफ़्ता-रफ़्ता[4] ख़ुद उसी काफ़िर के हो गए

अबके न इंतज़ार करें चारागर का हम
अबके गए तो कूए-सितमगर[5] के हो गए

रोते हो एक जज़ीराए-जाँ को 'फ़राज़' तुम
देखो तो कितने शहर समुद्र के हो गए

1. प्रिय 2. नाम की याद 3. शहर के उपदेशक 4. धीरे-धीरे 5. गली के परेशान करनेवाले

नोहा-गरों[1] में दीदाए-तर[2] भी उसी का था
मुझ पर यह ज़ुल्म बारे दीगर[3] भी उसी का था

देखा मुझे तो तर्के-ताल्लुक़ के बावजूद
वह मुस्कुरा दिया यह हुनर भी उसी का था

आँखें कुशादो-बस्ते[4] से बदनाम हो गईं
सूरज उसी का ख़्वाबे-सहर[5] भी उसी का था

ख़ंजर दरआस्तीं[6] ही मिला जब कभी मिला
वह तेग़ ख़ींचता तो यह सर भी उसी का था

नश्तर[7] चुभे हुए थे रगे-जाँ के आस-पास
वह चारागर था और मुझे डर भी उसी का था

महफ़िल में कल 'फ़राज़' ही शायद था लबकुशा[8]
मक़्तल[9] में आज कासा-ए-सरभी[10] उसी का था

1. शोकगीत कहनेवालों 2. आँख भरी हुई 3. अन्यत्र 4. साफ़गोई 5. प्रातः स्वप्न 6. आस्तीन में कटार 7. काँटे 8. खुला होंठ 9. हत्या स्थल 10. खोपड़ी, कपाल

ज़ुल्फ़[1] रातों सी है रंगत है उजालों सी
पर तबीयत है वही भूलने वालों जैसी

इक ज़माने की रफ़ाक़त[2] पे भी रमख़ुर्दा[3] है
उस कम आमेज़[4] की ख़ू-बू[5] है ग़ज़ालों[6] जैसी

ढूँढता फिरता हूँ लोगों में शबाहतें[7] उसकी
कि वह ख़्वाबों में भी लगती है ख़्यालों जैसी

किस दिलआज़ार[8] मसाफ़त[9] से मैं लौटा हूँ कि है
आँसूओं में भी तपक पाँवों के छालों जैसी

उसकी बातें भी दिल-आवेज़[10] है सूरत की तरह
मेरी सोचें भी परेशाँ मेरे बालों जैसी

उसकी आँखों को कभीग़ौर से देखा है 'फ़राज़
रोने वालों की तरह जागनेवालों जैसी

1. केश 2. मित्रता 3. पलायन करने वाला 4. कम बोलने वाला 5. अच्छी गंध 6. हरिण सी 7. छवि 8. व्यथित हृदय की 9. यात्रा 10. हृदय को आकृष्ट करने वाली

सब लोग लिए संगे-मलामत[1] निकल आए
किस शहर में हम अहले-मुहब्बत[2] निकल आए

अब दिल की तमन्ना है तो ऐ काश यही हो
आँसू की जगह आँख से हसरत[3] निकल आए

हर घर का दीया गुल न करो तुम कि न जाने
किस बाम[4] से खुर्शीदे-क़यामत[5] निकल आए

जो दरपै-पिंदार[6] हैं उन क़त्लगाहों[7] से
जाँ देके भी समझे कि सलामत निकल आए

ऐ हम-नफ़्सो[8] कुछ तो कहो अहदे-सितम[9] की
एक हर्फ़ से मुमकिन है हिकायतें निकल आए

यारो मुझे मस्लूब[11] करो तुम कि मेरे बाद
शायद कि तुम्हारा क़दो-क़ामत[12] निकल आए

1. तुच्छ और हेय के पत्थर 2. प्रेमियों 3. इच्छा 4. छत 5. प्रलय का सूर्य 6. उपदेशक 7. हत्यागृहों 8. चाहनेवालों 9. सितम करने वाले 10. प्रेरक कथाएँ 11. फाँसी पर चढ़ाना 12. क़द-काठी

दिल गिरफ़्ता ही सही बज़्म[1] सजा ली जाए
यादे-जानाँ से कोई शाम न ख़ाली जाए

रफ़्ता-रफ़्ता यही ज़िंदाँ में बदल जाते हैं
अब किसी शहर की बुनियाद न डाली जाए

वह मरव्वत[2] से मिला है तो झुका दूँ गर्दन
मेरे दुश्मन का कोई वार न ख़ाली जाए

बेनवा[3] शहर का साया है मेरे दिल पे 'फ़राज़'
किस तरह से मेरी आशुफ़्ता-ख़्याली[4] जाए

1. गोष्ठी 2. शिष्टता 3. बेवफ़ा 4. मिथ्या-विचार

आए तेरी महफ़िल में तो बेताब बहुत थे
जो अहले-वफ़ा वाक़िफ़े आदाब बहुत थे

उस शहरे-मुहब्बत में अजब काल पड़ा है
हम जैसे सबुक[1] लोग भी नायाब[2] बहुत थे

कुछ दिल ही न माना कि सबुक सर हों-व-गरना
आसूदगी जाँ के तो असबाब[4] बहुत थे

मजबूर थे ले आए किनारे पे सफ़ीना[5]
दरिया जो मिले हमको वह पायाब[6] बहुत थे

अब देख यह हसरत भरी उजड़ी हुई आँखें
दुनिया तेरे बारे में मेरे ख़्वाब बहुत थे

मैं क्यों न 'फ़राज़' उनकी तरह मुहर-बलब[7] था
उस बात से नाख़ुश मेरे अहबाब बहुत थे

1. श्रेष्ठ 2. अनुपम 3. जान की समृद्धि या संतुष्टि 4. कारण 5. नाव 6. छिछले 7. मुहर लगा हुआ

क़ामत को तेरे सरो-सनोबर[1] नहीं कहा
जैसा भी तू था उस से तो बढ़कर नहीं कहा

उस से मिले तो ज़ोमे-तकल्लुम[2] के बावजूद
जो सोचकर गए वही अक्सर नहीं कहा

इतनी मरव्वतें तो कहाँ दुश्मनों में थीं
यारों ने जो कहा मेरे मुँह पर नहीं कहा

मुझ सा गुनहगार सरे-दार[3] कहगया
वाएज़[4] ने जो सुख़न[5] सरे-मिम्बर[6] नहीं कहा

बरहम[7] बस उस ख़ता पे अमीराने शहर है
उन जोहड़ों को मैंने समुंद्र नहीं कहा

यह लोग मेरी फ़र्दे-अमल[8] देखते हैं क्यों
मैंने 'फ़राज़' ख़ुदको पयंबर[9] नहीं कहा

1. चीड़ का वृक्ष 2. संवाद की आतुरता 3. पदाधिकारी, हाकिम 4. मौलवी 5. बात 6. मस्जिद की वो तीन सीढ़ी, जिस पर खड़े होकर इमाम तक़रीर करते हैं 7. नाराज़ 8. व्यक्तियों से व्यवहार 9. पैग़ंबर

गलियों में कैसा शोर था क्यों भीड़ सी मक़्तल में थी
क्या वस्फ़[1] उस शायर में था क्या बात उस पागल में थी

ऐसा सितम क्या हो गया इक राहरौ[2] था खो गया
फिर ज़िंदगी की शाम थी और शाम भी जंगल में थी

क्या-क्या हवा चलती रही, यह लौ मगर जलती रही
क्या ज़ोर उस आँधी में था क्या ताब उस मशअल में थी

शोला ब-दिल आतिश[3] बजाँ फिरता रहा वह बेअमाँ[4]
वर्ना सबा जुल्फ़ों में थी वर्ना घटा काजल में थी

तरसी हुई आँखों में किन-किन साहिलों के ख़्वाब थे
पर कश्ती उम्र-ख़ाँ हालात के दल-दल में थी

ख़लक़त[5] ने आवाज़े कसे, ताने दिए, फ़तवे जड़े
वह सख़्त जाँ हँसता रहा गो ख़ुदकशी पल-पल में थी

अपनी कशीदे-जाँ[6] से ही पीता रहा जीता रहा
नशा कहाँ साग़र में था मस्ती कहाँ बोतल में थी

1. गुण 2. पथ बताने वाला 3. आग 4. अशांत 5. समाज 6. रंजिश जान

शहरे किताब उजड़ गया, हर्फ़ बरहना सर हुए
नग़मा है सुरमा दर गुलू, शे'-रो वतन-बदर हुए

मौसमे-दर्द के सफ़ीर[1] जो भी नदीम थे, सो थे
अब तो सभी फ़रेफ़्ता[2], दाना-व-दाम[3] पर हुए

जामो-सुबू[4] की आबरू अहले-हवस के हाथ है
जब से फ़कीयो-मोहतसिब[5] शहर में मोतबर[6] हुए

सरोजवाँ[7] की मौत पर रोएँगी कुमारियाँ[8] बहुत
यूँ तो बफ़ीज़े-बाग़बाँ[9] क़त्ल कई शजर[10] हुए

दर-ख़ूरे हर्फ़े-यार[11] थे जिनके लिए हमें 'फ़राज़'
आज वही सितमज़रीफ़[12] ग़ैर के नामाबर[13] हुए

1. प्रतिनिधि 2. लट्टू 3. अक़्लमंद 4. शराब 5. आवारा 6. सम्मलित 7. जवान 8. कुँवारियाँ 9. बागीचा की शान 10. पेड़ 11. दोस्त के शब्दों के मुखद्वार 12. अच्छे लोग 13. संदेशवाहक

युसूफ़ न थे मगर सरे बाज़ार आ गए
ख़ुशफ़हमियाँ ये थीं कि ख़रीदार आ गए

हमकज अदा[1] चिराग़ कि अब भी हवा चली
ताक़ों[2] को छोड़कर सरे-दीवार आ गए

फिर इस तरह हवा मुझे मक़्तल में छोड़कर
सब चारासाज़ जानिबे दरबार आ गए

अब दिल में हौसला न सकत बाजुओं में है
अबके मुक़ाबले पे मेरे यार आ गए

आवाज़ देके ज़िंदगी हर बार छुप गई
हम ऐसे सादा दिल थे कि हर बार आ गए

सूरज की रोशनी पे जिन्हें नाज़ था 'फ़राज़'
वह भी तो 'ज़ेरे-दीवार[3]' आ गए

1. जिस ढंग से 2. ताक़ 3. दीवार के नीचे

ज़िंदगी से यही मिला है मुझे
तू बड़ी देर से मिला है मुझे

तू मुहब्बत से कोई चाल तो चल
हार जाने का हौसला है मुझे

दिल धड़कता नहीं तपकता है
कल जो ख़्वाहिश थी आबला है मुझे

हमसफ़र चाहिए, हुजूम नहीं
इक मुसाफ़िर भी क़ाफ़िला है मुझे

कोहकन[1] हो कि क़ैस[2] हो कि 'फ़राज़'
सब में एक शख़्स ही मिला है मुझे

1. पत्थर तोड़ने वाला फ़रहाद 2. मजनूँ

क़ुरबत[1] भी नहीं दिल से उतर भी नहीं जाता
वह शख़्स कोई फ़ैसला कर भी नहीं जाता

आँखें हैं कि ख़ाली नहीं रहती हैं लहू से
और जख़्मे-जुदाई है कि भर भी नहीं जाता

वह राहते-जाँ है मगर इस दरबदरी में
ऐसा है कि अब ध्यान उधर भी नहीं जाता

हम दुहरी अज़ीयत[2] के गिरफ़्तार मुसाफ़िर
पाँवों भी हैं शल[3] शौक़े-सफ़र भी नहीं जाता

दिल को तेरी चाहत पे भरोसा भी बहुत है
और तुझ से बिछड़ जाने का डर भी नहीं जाता

पागल हुए जाते हो 'फ़राज़' उस से मिले क्या
इतनी सी ख़ुशी से कोई मर भी नहीं जाता

1. प्रेम 2. त्रासदी, कष्ट 3. पत्थर

वहशत थी मगर चाक-लिबादा[1] भी नहीं था
यूँ ज़ख़्म-नुमाई[2] का इरादा भी नहीं था

ख़िलअत के लिए क़ीमते-जाँ यूँ भी बहुत थी
फिर इतना दिल-आवेज़ लिबादा भी नहीं था

हम मरहबाँ[3] कहते तेरे हर तीरे-सितम[4] पर
सच बात कि दिल इतना कुशादा[5] भी नहीं था

हम ख़ून में नहलाए गए तेरी गली में
और तू कि सरे-बाम सितारा[6] भी नहीं था

यारो कोई तदबीर[7] करो तुम कि वह हम से
नाख़ुश था मगर इतना ज़्यादा भी नहीं था

आख़िर को तो गुल हो गए सूरज से मुसाफ़िर
और मैं तो चिराग़े-सर जादा[8] भी नहीं था

पागल ही 'फ़राज़' आज जो राह देख रहे हो
जब उससे मुलाक़ात का वादा भी नहीं था

1. फटा पहनावा 2. घाव प्रदर्शन 3. साधुवाद 4. कष्ट बाण 5. विशाल, व्यापक 6. छत पर सितारा 7. युक्ति, उपाय 8. टिमटिमाता दीपक

इस क़दर मुसलसल थीं शिद्दतें जुदाई की
आज पहली बार उससे मैंने बेवफ़ाई की

वर्ना आज तलक यूँ था ख़्वाहिशों की बारिश में
या तो टूटकर रोया या ग़ज़ल-सराई[1] की

तज दिया था कल जिनको हमने तेरी चाहत में
आज उससे मजबूरन ताज़ा आशनाई[2] की

हो चला था अब मुझको इख़्तिलाफ़[3] अपने से
तूने किस घड़ी ज़ालिम मेरी हमनवाई[4] की

तर्क कर चुके क़ासिद[5] कूए-नामुरादाँ[6] को
कौन अब ख़बर लाए शहरे-आशनाई की

तंज़ो-ताना-व-तोहमत[7] सब हुनर हैं नासेह[8] के
आप से कोई पूछे हमने क्या बुराई की

फिर क़फ़स[9] में शोर उठा क़ैदियों का और सय्याद[10]
देख़ना उड़ा देगा फिर ख़बर रिहाई की

दुख हुआ जब उस दर पर कल 'फ़राज़' को देख़ा
लाख ऐब थे उसमें ख़ू न थी गदाई[11] की

1. ग़ज़ल की प्रशंसा 2. पहचान 3. मतभेद 4. समर्थन 5. संदेशवाहक 6. निराश गली 7. व्यंग्य, आरोप 8. उपदेशक 9. पिंजडों 10. जेलर 11. प्रशंसा

नामुरादी का यह आलम भी तो ऐ दिल न रहे
हम तो अब तर्के-ताल्लुक़ के भी क़ाबिल न रहे

बज़्मे मक़्तल जो सजे कल तो यह इमकान[1] भी है
हमसे बिस्मिल तो रहें आप सा क़ातिल न रहे

यूँ तो हर शख़्स है अंदेशाए-रहज़न[2] का असीर[3]
कारवाँ नीयते-रहबर[4] से भी ग़ाफ़िल[5] न रहे

आज उसने शफ़े-हमसफ़री बख़्शा था
इस तरह से कि मुझे ख़्वाहिशे मंज़िल न रहे

सामने तू हो तो सौ ख़्वाहिशें जाग उठती हैं
काश अब के मेरी आँखों में मेरा दिल न रहे

जो भी हो साहिबे मंज़िल ही कहता है 'फ़राज़'
कि वह उठ जाए जो महफ़िल से तो महफ़िल न रहे

1. अनुमान 2. लूटने वालों की शंका 3. प्रभाव में 4. पथिक की मंश 5. अनजान

दिल मुनाफ़िक़[1] था शबे-हिज्र में सोया कैसा
और जब तुझसे मिला टूट के रोया कैसे

ज़िंदगी में भी ग़ज़ल ही का क़रीना[2] रक्खा
ख़्वाब-दर-ख़्वाब तेरे ग़म को पिरोया कैसे

अब तो चेहरों पे भी कुत्बों[3] का गुमाँ होता है
आँखें पथराई हुईं हैं, लबे-गोया कैसा

देख अब क़ुर्ब[4] का मौसम भी न सरसब्ज़[5] रहे
हिज्र ही हिज्र मरासिम में समोया कैसे

एक आँसू था कि दरियाए नदामत था 'फ़राज़'
दिल ही बेबाक शनावर को डुबोया कैसे

1. नकारात्मक, विरोधी 2. ढंग 3. नाम पट 4. प्रेम 5. हराभरा

जानाँ दिल का शहर, नगर अफ़सोस का है
तेरा मेरा सारा सफ़र अफ़सोस का है

इक दहलीज़ पर जाकर दिल ख़ुश होता था
अब तो शहर में दर एक दर अफ़सोस का है

हमने इश्क़ गुनाह से बरतर[1] जाना था
और दिल पर पहला पत्थर अफ़सोस का है

देखो उस चाहत के पेड़ शाखों
फूल उदासी का है, समर[2] अफ़सोस का है

कोई पछतावा सा पछतावा है 'फ़राज़'
दुख का नहीं अफ़सोस मगर अफ़सोस का है

1. बढ़कर 2. फल

शे'र किसी के हिज्र[1] में कहना हर्फ़े-विसाल[2] किसी से
हम भी क्या हैं ध्यान किसी का और सवाल किसी से

सारी मताए-हस्ती[3] अपनी ख्वाबो-ख़्याल तो हैं
वह भी ख़्वाब किसी से माँगे ओर ख़्याल किसी से

ऐसे सादा दिल लोगों की चारागिरी कैसे हो
दर्द का दरमाँ[4] और कोई हो कहना हाल किसी से

देखो एक सूरत ने दिल में कैसी जोत लगाई
कैसा सजा सजा लगता है शहरे-मलाल किसी से

तुम को ज़ोम[5] 'फ़राज़' अगर है तुम भी जतन कर देखो
आज तलक तो टूट न पाया दर्द का जाल किसी से

1. जुदाई 2. मिलन के अक्षर 3. व्यक्तित्व की पूँजी 4. उपचार 5. उत्साह

ज़िंदगी यूँ थी कि जीने का बहाना तो था
हम फ़क़त[1] ज़ेबे-हिकायत[2] थे फ़साना तो था

हमने जिस-जिस को भी चाहा तेरे हिज्राँ में वह लोग
आते-जाते हुए मौसम थे ज़माना तो था

अबके कुछ दिल ही न माना कि पलटकर आते
वर्ना हम दरबदरों का तो ठिकाना तो था

यार अग़ियार[3] के हाथों में कमानें थीं 'फ़राज़'
और सब देख रहे थे कि निशाना तो था

1. मात्र 2. कथा की शिल्प सुंदरता 3. प्रतिद्वंदी

अजीब रुत थी कि हर चंद पास था वह भी
बहुत मलूल[1] था मैं भी, उदास था वह भी

किसी के शहर में की गुफ़्तगू हवाओं से
यह सोचकर कि कहीं आस-पास था वह भी

हम अपने ज़ोम में खुश थे कि उसको भूल चुके
मगर गुमान था ये भी, क़यास[2] था वह भी

कहाँ का अब ग़मे-दुनिया कहाँ का उठा ग़मे-जानाँ
वह दिन भी थे कि हमें ये भी रास था वह भी

'फ़राज़ तेरे गरेबाँ[3] पे कल जो हँसता था
उसे मिले तो दरीदा[4] लिबास था वह भी

1. दुखी, व्यथित 2. आकलन 3. कुर्ते 4. कटा-फटा

हुई है शाम तो आँखों में बस गया फिर तू
कहाँ गया है मेरे शहर के मुसाफ़िर तू

मेरी मिसाल कि इक नख़्ले-ख़ुश्क सहरा[1] हूँ
तेरा ख़्याल कि शाख़े-चमन का ताइर[2] तू

मैं जानता हूँ कि दुनिया तुझे बदल देगी
मैं मानता हूँ कि ऐसा नहीं बज़ाहिर तू

हँसी ख़ुशी से बिछड़ जा अगर बिछड़ना है
यह हर मुक़ाम[3] पे क्या सोचता है आख़िर तू

फ़िज़ा[4] उदास है रुत मुज़महिल[5] है मैं चुप हूँ
जो हो सके तो चला आ किसी की ख़ातिर तू

'फ़राज़' तूने उसे मुश्किलों में डाल दिया
ज़माना साहिबे-ज़र[6] और सिर्फ़ शाइर तू

1. सूखा रेगिस्तान 2. पक्षी 3. स्थान 4. वातावरण 5. क्लांत, सुस्त 6. धनपति

हर आशना में कहाँ ख़ूए-महरमाना[1] वह
कि बेवफ़ा था मगर दोस्त था पुराना वह

कहाँ से लाएँ अब आँखें उसे कि रखता था
अदावतों[2] में भी अंदाज़ मुख़लिसाना[3] वह

जो अब्र[4] था तो उसे टूटकर बरसना था
यह क्या कि आग लगाकर हुआ रवाना वह

पुकारते हैं महवे-साल[5] मंज़िलों की तरह
लगा है तौसीन-हस्ती[6] तो ताज़ियाना[7] वह

हमें भी ग़म-तल्बी[8] का नहीं रहा यारा
तेरे भी रंग नहीं गरदिशे-ज़माना वह

अपनी ख़्वाहिशें क्या-क्या उसे रुलाती हैं
यह बात हमने कही थी मगर न माना वह

यही कहेंगे कि बस सूरते-आशनाई थी
जो अहद[9] टूट गया याद क्या दिलाना वह

उस एक शक्ल में क्या-क्या न सूरतें देख़ीं
निगार[10] था, नज़र आया निगारखाना[11] वह

'फ़राज़' ख़्वाब सी दुनिया दिखाई देती है
जो लोग जाने-जहाँ थे हुए फ़साना वह

1. अनजाम सा 2. दुश्मनी 3. मित्रवत् 4. बादल 5. माह वर्ष 6. जिस्म 7. शोकग्रस्त करने 8. दुख इच्छा 9. वचन 10. चित्र 11. चित्रालय

चलो उसी से कहें दिल का हाल जो भी हो
वह चारागर[1] तो है उसको ख़्याल जो भी हो

उस के दर्द से मिलते हैं सिलसिले जाँ के
उसी के नाम लगा दो मलाल[2] जो भी हो

मरे न हार के हम क़ैसो-कोहकन की तरह
अब आशिक़ी में हमारी मिसाल जो भी हो

यह रहगुज़र पे जो शम्एँ दमकती जाती हैं
उसी का क़ामते-ज़ेबा[3] है चाल जो भी हो

'फ़राज़' उसने वफ़ा की कि बेवफ़ाई की
जो अबदा[4] तो हम ही हैं सवाल जो भी हो

1. उपचारक 2. पाश्चाताप 3. सुसज्जित क़द-काठी 4. इच्छा दीपक

नज़र बुझी तो करिश्मे भी रोज़ो-शब के गए
कि अब तलक नहीं आए हैं लोग जबके गए

सुनेगा कौन तेरी बेवफ़ाइयों का गिला
यही है रस्मे-ज़माना तो हम भी अबके गए

मगर किसी ने हमें हमसफ़र नहीं जाना
यह और बात कि हम साथ-साथ सबके गए

अब आए हो तो यहाँ क्या है देखने के लिए
यह शहर कब से है वीराँ वह लोग कबके गए

गिरफ़्ता दिल हैं, मगर हौसला न हारा था
गिरफ़्ता दिल हैं, मगर हौसले भी अबके गए

तुम अपनी शम्ए-तमन्ना[1] को रो रहे हो 'फ़राज़'
इन आँधियों में तो प्यारे चिराग़ सबके गए

1. इच्छा दीपक

मिज़ाज हमसे ज़्यादा जुदा न था उसका
जब अपने तौर[1] यही थे तो क्या गिला उसका

वह अपने ज़ोम में था बेख़बर रहा मुझसे
उसे गुमाँ भी नहीं मैं नहीं रहा उसका

वह बर्क़े-रौ[2] था मगर रह गया कहाँ जाने
अब इंतज़ार करेंगे शिकस्ता-पा[3] उसका

ये अहले-दर्द[3] भी किसकी दोहाई देते हैं
वह चुप भी हो तो ज़माना हमनवा[4] उसका

हमीं ने तर्के-ताल्लुक़ में पहल की कि 'फ़राज़'
वह चाहता था मगर हौसला न था उसका

1. ढंग 2. बिजली की चमक सा 3. दर्द वाले 4. समर्थक

याद आता है तो क्यों उससे गिला होता है
वह जो एक शख़्स हमें भूल चुका होता है

हम तेरे लुत्फ़[1] से नादिम हैं अक्सर औक़ात[2]
दिल किसी और की बातों से दुखा होता है

मिल गए हो तो चलो रस्मे-ज़माना ही सही
वर्ना अब पुर्सिशे-अहवाल[3] से क्या होता है

इस क़द्र ज़हर न था तंज़े-हरीफ़ाँ[3] पहले
अब तो कुछ ख़ंदाए-याराँ[4] से सवा होता है

सादा दिल चारागरों को नहीं मालूम 'फ़राज़'
बाज़ औक़ात दिलासा भी बला[5] होता है

1. मज़ा आनंद 2. कुशल क्षेम 3. व्यंग्य बाण 4. प्रेमी के ललाट 5. बुरा

सिलसिले तोड़ गया वह सभी जाते-जाते
वर्ना इतने तो मरासिम थे कि आते-आते

शिकवा जुल्मते-शब से तो कहीं बेहतर था
अपने हिस्से की कोई शमा जलाते-जलाते

कितना आसाँ था तेरे हिज्र में मरना जानाँ
फिर भी इक उम्र लगी जान से जाते-जाते

जश्न-मक़्तल ही न बरपा हुआ वर्ना हम भी
पा-बजोलाँ[1] ही सही नाचते गाते-जाते

उसकी वह जाने उसे पासे-वफ़ा था कि न था
तुम 'फ़राज़' अपनी तरफ़ से तो निभाते जाते

1. रक्तरंजित पैर से

तू जो चाहे तो नहीं हूँ तो चाहे तो मैं हूँ
मेरी औक़ात ही क्या है पर काहे तो मैं हूँ

तेरे ग़म ने मेरी हस्ती की ज़मानत दे दी
तेरा ग़म अपने ताल्लुक़ को निभाए तो मैं हूँ

दिल ने कब शेवाए दरयूज़ागिरी[1] तक किया
तेरे दर पर न हुआ मैं सरेराहे तो मैं हूँ

जाने क्या रंग दिखाती है बहाराँ अबके
दिल दरीदा[2]-व-परेशान निगाहे तो मैं हूँ

तू न मानेगा मगर ख़िलवते-दिल[3] में तेरी
यार! अक्सर न सही गाहेबगाहे[4] तो मैं हूँ

हैफ़[5] उस फ़न[6] जो फ़नकार[7] से पहले मर जाते
वक़्त अगर कल भी सुख़न मेरे सराहे तो मैं हूँ

और क्या चाहिए उस फ़क्रो-फ़कीरी में 'फ़राज़'
साहबे-ख़रक़ा[8] वह पैबंद-कलाहे[9] तो में हूँ

1. भीख माँगने का काम 2. व्यथित हृदय 3. दिल के कोने 4. कभी-कभी 5. धिक्कार 6. कला 7. कलाकार 8. चीर-फाड़ करने वाले 9. रफ़ू करने, पैबंद लगाने वाले

उस से पहले कि बेवफ़ा हो जाएँ
क्यों न ऐ दोस्त जुदा हो जाएँ

तू भी हीरे से बन गया पत्थर
हम भी कल जाने क्या से क्या हो जाएँ

तू कि यक्ता[1] था बेशुमार[2] हुआ
हम भी टूटें तो जाबजा[3] हो जाएँ

हम भी मजबूरियों का उज़्र[4] करें
फिर कहीं और मुबतिला[5] हो जाएँ

हम अगर मंज़िलें न बन पाए
मंज़िलों तक का रास्ता हो जाएँ

देर से सोच में हैं परवाने
राख हो जाएँ या हवा हो जाएँ

इश्क़ भी खेल हैं नसीबों का
ख़ाक हो जाएँ, कीमिया[6] हो जाएँ

अबके गर तू मिले तो हम तुझ से
ऐसे लपटें तेरी क़बा[7] हो जाएँ

बंदगी हमने छोड़ दी है 'फ़राज़'
क्या करें लोग जब ख़ुदा हो जाएँ

1. संग्रहीत 2. अनगिनत 3. इधर-उधर 4. बहाना 5. व्यस्त 6. रसायनिक प्रक्रिया में शामिल 7. एक विशेष प्रकार का लंबा-चौड़ा कपड़ा, परिधान

अर्ज़े-ग़म[1] कभी उसके रुबरु भी हो जाए
शायरी तो होती है, गुफ़्तगू भी हो जाए

ज़ख़्म-हिज्र भरने से याद तो नहीं जाती
कुछ निशाँ तो रहते हैं, दिल रफ़ू भी हो जाए

रिंद हैं भरे बैठे और मयकदा ख़ाली
क्या बने जो ऐसे में एक 'हू' भी हो जाए

मैं इधर तने-तन्हा और उधर ज़माना है
वाए गए ज़माने के साथ, तू भी हो जाए

पहली नामुरादी का दुख कहीं बरसता है
बाद में अगर कोई सुर्ख़रू भी हो जाए

दीनो-दिल[2] तो खो बैठे अब 'फ़राज़' क्या ग़म है
कूए-यार[3] में ग़ारत[4] आबरू भी हो जाए

1. दुख लेकर 2. दिल की नज़र 3. मित्र की गली 4. ध्वस्त

जिसके लिए हैं जाँ-बलब[1] उसको नहीं मलाल भी
ऐ दिले-नासबूर[2] अब आदते-हिज्र[3] डाल भी

दामने-यार तक कहाँ इश्क़-ज़बों[4] की दस्तरस[5]
हशमते-हुस्न[6] देखकर भूल गया सवाल भी

कबसे हैं लोग सर-बकफ़[7] राह में मिसले-आह-वाँ[8]
अब तो मेरे शिकार ख़ू, तीरो-कमाँ[9] सम्हाल भी

जिसके बग़ैर रोज़ो-शब सख़्त भी थे महाल[10] भी
उसके बग़ैर कट-गए किस तरह माहो-साल भी

अंजुमो-महरो-माहताब[11], सरो-व-सनोबरो गुलाब[12]
किस से तुझे मिसाल दूँ, हो तो कोई मिसाल भी

उसके खरामे-नाज[13] से ऐसी क़यामतें उठीं
अबके तो मात खा गई चर्ग़े-कुहन[14] की चाल भी

हमको तो उम्र खा गई ख़ैर हमें गिला नहीं
देख तो क्या से क्या हुए यार के ख़दोख़ाल[15] भी

अबके 'फ़राज़' वह हुआ जिसका न था गुमान तक
पहली सी दोस्ती तो क्या ख़त्म है बोल-चाल भी

1. प्राण न्योछावर 2. धैर्यहीन हृदय 3. विदाई की आदत 4. प्रेम-अनुराग 5. पहुँच 6. सौंदर्य की चमक 7. नंगे सर 8. आह, ओह करते इधर-उधर 9. तीर-कमान 10. दुष्कर 11. चाँद-तारे 12. चीड़ और गुलाब 13. ख़रांटों के एक ढंग 14. पहाड़ी पक्षी 15. रंग-रूप

उसके जुदा हुए भी ज़माना बहुत हुआ
अब क्या कहें यह क़िस्सा पुराना बहुत हुआ

ढलती न थी किसी भी जतन से शबे-फ़िराक़
अब मर्गे-नागहाँ[1]! तेरा आना बहुत हुआ

हम ख़ुल्द[2] से निकल तो गए हैं पर ऐ ख़ुदा!
इतने से वाक़ये का फ़साना बहुत हुआ

अब हम हैं और सारे ज़माने की दुश्मनी
उससे ज़रा सा रब्त[3] बढ़ाना बहुत हुआ

अब क्यों न ज़िंदगी पे मुहब्बत को तार दें
उस आशिक़ी में जान से जाना बहुत हुआ

अब तक तो दिल का दिल से तार्रुफ़ न हो सका
माना कि उनसे मिलना-मिलाना बहुत डुआ

क्या-क्या न हम ख़राब हुए हैं मगर ये दिल
ऐ यादे-यार तेरा ठिकाना बहुत हुआ

कहता था नासेहों[5] से मेरे मुँह न आइयो
फिर क्या था एक 'हू' का बहाना बहुत हुआ

लो फिर तेरे लबों पे उसी बेवफ़ा का ज़िक्र
'अहमद फ़राज़'! तुझसे कहा ना, बहुत हुआ

1. बीमार 2. स्वर्ग 3. संबंध 4. परिचय 5. उपदेशकों

सुना है लोग उससे आँख भर के देखते हैं
सो उसके शहर में कुछ दिन ठहर के देखते हैं

सुना है रब्त है उसको ख़राब हालों से
सो अपने आपको बरबाद करके देखते हैं

सुना है दर्द की गाहक है चश्मे-नाज़[1] उसकी
सो हम भी उसकी गली से गुज़र के देखते हैं

सुना है उसको भी है शे'रो-शायरी से शगफ़[2]
सो हम भी मोजज़े[3] अपने हुनर के देखते हैं

सुना हैं बोले तो बातों से फूल झड़ते हैं
यह बात है तो चलो बात करके देखते हैं

सुना है रात उसे चाँद तकता रहता है
सितारे बामे-फ़लक[4] से उतर के देखते हैं

सुना है दिन को उसे तितलियाँ सताती हैं
सुना है रात को जुगनू ठहर के देखते हैं

सुना है हश्र[5] है उसकी ग़ज़ाली[6] सी आँखें
सुना है उसको हरिन-दश्त[7] भर के देखते है।

सुना है रात से बढ़कर हैं काकुलें उसकी
सुना है शाम को साये गुज़र के देखते हैं

1. दृष्टिगर्व 2. लगाव 3. चमत्कार 4. छत के आसमान 5. क़यामत 6. हिरण 7. जंगल का हिरण

सुना है उसकी स्याह-चश्मगी[8] क़यामत है
सो उसको सुरमा-फ़रोश[9] आह भरकर देखते हैं

सुना है आईना-तामिसाल[10] है जबीं[11] उसकी
जो सादा दिल हैं उसे बन सँवरके देखते हैं

सुना है जबसे हमायल[12] हैं उसकी गर्दन में
मिजाज़ और ही लालो-गुहर[13] के देखते हैं

सुना है चश्मे-तसव्वुर[14] से दश्ते-इमकाँ[15] में
पलंग-ज़ाविये[16] उसकी कमर को देखते हैं

सुना है उसके बदन की तराश ऐसी है
कि फल अपनी क़बाएँ[17] कुतरके देखते हैं

वह सरोक़द[18] है मगर बेगुले[19] मुराद[20] नहीं
कि उस शजर[21] पे शगूफ़े-समर[22] को देखते हैं

बस इक निगाह से लुटता है क़ाफ़िला दिल का
सो रहरवाने तमन्ना भी डर के देखते हैं

सुना है उसके शबिस्ताँ[23] से मुतसिल[24] है बहिश्त[25]
मकीं[26] उधर के भी जलवे इधर के देखते हैं

रुके तो गरदिशें उसका तवाफ़[27] करती हैं
चले तो उसको ज़माने ठहर के देखते हैं

8. काली आँखें 9. सुरमा बेचने वाले 10. दर्पण सी 11. पलकें 12. लिपटे हुए 13. हीरे-मोती 14. कल्पना दृष्टि 15. जंगल के अनुमान 16. पलंग के कोण 17. लिबास, चौहद्दी 18. लंबे क़द 19. फूलहीन 20. आशावादी 21. पेड़ 22. फूल-फल 23. बाग़ 24. लगा हुआ 25. स्वर्ग 26. रहनेवाले 27. परिक्रमा

किसी नसीब के बेपैरहन[28] उसे देखे
कभी-कभी दरो-दीवार घर के देखते हैं

कहानियाँ ही सही सब मुबालग़े[29] ही सही
अगर व तो ख़्वाब है ताबीर करके देखते हैं

अब इस शहर में ठहरें कि कूच कर जाएँ
'फ़राज़' आओ सितारे सफ़र के देखते हैं।

28. बिनतलिबास 29. अतिरंजना

ये तफ़ावुतें[1] हैं मेरे ख़ुदा कि ये तू नहीं कोई और है
कि तू आसमान पे है तो हो, पर ज़मीन पर कोई और है

वह जो रास्ते थे वफ़ा के थे ये जो मंज़िलों हैं सज़ा की हैं
मेरा हमसफ़र कोई और था मेरा हमनशीं[2] कोई और है

मेरे जिस्मो-जाँ में तेरे सिवा नहीं और कोई भी दूसरा
मुझे फिर भी लगता है, इस तरह कि कहीं-कहीं कोई और है

मैं असीर अपने-गज़ाल[3] का मैं फ़क़ीर दश्ते-विसाल[4] का
जो हरन को बाँध कर ले गया वह सुबुकतगीन[5] कोई और है

मैं अजब मुसाफ़िर बेअमाँ[6] कि जहाँ-जहाँ भी गया वहाँ
मुझे ये लगा मेरा ख़ाकदाँ[7] ये ज़मीं नहीं कोई और है

रहे बेख़बर मेरे यार तक, कभी उसपे शक, कभी उसपे शक
मेरे जी को जिसकी रही ललक, वह क़मर-जबीं[8] कोई और है

यह जो चार दिन के नदीम हैं उन्हें क्या 'फ़राज़' कोई कहे
वो मुहब्बतें, वो शिकायतें हमें जिससे थीं कोई और है

**1. भेद-भाव 2. हमारे साथ 3. मृग शावक 4. जंगल-मंगल 5. बादशाह 6. अशांत, असुरक्षित 7. धरातल वाले 8. चाँद की चमक**

उसने सकूते-शब[1] में भी अपना पयाम[2] रख दिया
हिज्र की रात बाम पर माहे-तमाम[3] रख दिया

आमदे-दोस्त[4] की नवेद[5] कूए-वफ़ा[6] में गर्म थी
मैंने भी इक चिराग़ सा दिल सरे-शाम रख दिया

शिद्दते–तिश्नगी[7] में भी ग़ैरते-मयकशी[8] रही
उसने जो फेर ली नज़र मैंने भी जाम रख दिया

उसने नज़र-नज़र में ही ऐसे भले सुख़न[9] कहे
मैंने तो उसके पाँव में सारा कलाम[10] रख दिया

देखो यह मेरे ख़्वाब थे, देखो यह मेरे ज़ख्म हैं
मैंने तो सब हिसाबें-जाँ बर-सरेआम[11] रख दिया

अबके बहार ने भी कीं ऐसी शरारतें कि बस
कब्क़दरी[12] की चाल में तेरा ख़राम[13] रख दिया

जो भी मिला उसी का दिल हलक़ाए[14] बगोशे-यार[15] था
उसने तो सारे शहर को करके ग़ुलाम रख दिया

और 'फ़राज़' चाहतें कितनी मुहब्बतें तुझे
माओं ने तेरे नाम पर बच्चों का नाम रख दिया

1. निधन की रात 2. संदेश 3. पूरा चाँद 4. मित्र के आने 5. निमंत्रण 6. प्रेम गली 7. प्यास की चाहत 8. शराब का मान 9. वचन 10. रचना-कर्म 11. सार्वजनिक करना 12. चकोर सी 13. मंद चाल 14. वृत्त 15. मित्रों के आस-पास।

दुख़ फ़साना नहीं कि तुझसे कहें
दिल भी माना नहीं कि तुझ से कहें

आज तक अपनी बेकली का सबब[1]
ख़ुद भी जाना नहीं कि तुझसे कहें

बेतरह हाले-दिल है और तुझसे
दोस्ताना नहीं कि तुझसे कहें

एक तू हर्फ़-आशना[2] था मगर
अब ज़माना नहीं कि तुझसे कहें

क़ाफ़ला हम फ़क़ीर लोगों का
इक ठिकाना नहीं कि तुझसे कहें

ऐ ख़ुदा दर्दे-दिल है बख़्शिशे दोस्त
आबो-दाना[3] नहीं कि तुझसे कहें

अब तो अपना भी उस गली में 'फ़राज़'
आना-जाना नहीं कि तुझसे कहें

1. कारण 2. परिचित अक्षर 3. अन्न, जल।

न तेरा क़ुर्ब[1] न बादा[2] है क्या किया जाए
फिर आज दुख भी ज़्यादा है क्या किया जाए

हमें भी अर्ज़े-तमन्ना[3] का ढब नहीं आता
मज़ाजे-यार भी सादा है क्या किया जाए

कुछ अपने दोस्त भी तरकश-बदोश[4] फिरते हैं
कुछ अपना दिल भी कुशादा[5] है क्या किया जाए

वह मेहरबाँ है मगर दिल की हिर्स[6] भी कम हो
तलब[7], करम[8] से ज़्यादा है क्या किया जाए

न उससे तर्के-ताल्लुक़ की बात कर पाएँ
न हमदमी का इरादा है क्या किया जाए

सलूके यार से दिल डूबने लगा है 'फ़राज़'
मगर यह महफ़िले-ए-आदा[9] है क्या किया जाए

1. प्रेम, लगाव 2. शराब 3. चाहत व्यक्त करने का 4. बाण समेत 5. विशाल, व्यापक 6. 7. चाहत 8. कृपा 9. महफ़िल की पुनरावृत्ति।

मैं मर मिटा तो वह समझा यह इंतहा[1] थी मेरी
उसे ख़बर ही न थी, ख़ाक कीमिया थी मेरी

मैं चुप हुआ तो वह समझा कि बात ख़त्म हुई
फिर उसके बाद तो आवाज़ जा बजा थी मेरी

जो ताना-ज़न[2] था मेरी पोशिशे-दरीदा[3] पर
उसी के दोशे[4] पर रखी हुई क़बा[5] थी मेरी

मैं उसको याद करूँ भी तो याद आता नहीं
मैं उसको भूल गया हूँ, यही सज़ा थी मेरी

शिकस्त दे गया अपना ग़ुरूर ही उसको
व गरना उसके मक़ाबिल[6] बिसात क्या थी मेरी

कहीं दिमाग़, कहीं दिल, कहीं बदन ही बदन
हर इक से दोस्ती यारी जुदा-जुदा थी मेरी

कोई भी कूए-मुहब्बत से फिर नहीं गुज़रा
तू शहरे-इश्क़ में क्या आख़री सदा थी मेरी

जो अब घमंड से सर को उठाए फिरता है
उसी तरह की तो मख़लूक़[7] ख़ाके-पा[8] थी मेरी

हर एक शे'र न था दर-ख़ूरे-क़सीदाए[9] दोस्त
और इससे तब्ए-ख़ाँ[10] ख़ून आशना थी मेरी

मैं उसको देखता रहता था हैरतों से 'फ़राज़'
यह जिंदगी से तारुफ़ की इब्तदा[11] थी मेरी

1. अति 2. ताना कसने वाला 3. फटे-चुटे कपड़े 4. कांधे 5. चादर, पोशाक 6. सम्मुख। 7. संरचना 8. ज़मीन पर 9. कथा वृत्तांत 10. सीखने की ललक 11. आरंभ।

जाने नशे में कि वह आफ़ते-जाँ ख़्वाब में था
जैसे इक फ़ितनाए-बेदार[1] ख़ाँ ख़्वाब में था

तो सरे-शाम समुंद्र का किनारा, तेरा साथ
अब तो लगता है कि जैसे ये समाँ[2] ख़्वाब में था

जैसे यादों का दरीचा कोई वा रह जाए
इक सितारा मेरी जानिब[3] निगराँ ख़्वाब में था

जब खुली आँख तो मैं था मेरी तन्हाई थी
वह जो था काफ़लाए-हमसफ़राँ[4] ख़्वाब में था

एक शब एक सराय में मकीं[5] थे दोनों
मैं तो सोया ही नहीं, वह भी कहाँ ख़्वाब में था

ऐसे क़ातिल को कोई हाथ लगाता है 'फ़राज़'
शुक्र कर शुक्र कर कि वह दुश्मने-जाँ ख़्वाब में था

1. जागृत बदनामी 2. माहौल 3. ओर 4. सहयाजी 5. रहवासी।

करते भी क्या जाना पड़ा फिर से उसी क़ातिल के पास
हम बारहा हो आए हैं चारागराने दिल के पास

कुछ बेगुहर[1] सीपियाँ कुछ बेमुसाफ़िर कश्तियाँ
दरिया ने रुख़ बदला तो क्या बाक़ी रहा साहिल के पास

जिन-जिनका था ज़ोमे-वफ़ा[2], पिंदारे-जाँ[3], दावाए-दिल
महफ़िल सजी तो जमा थे सब साहबे-महफ़िल के पास

उस इश्क़ो-तर्के-इश्क़ में नासेह कहाँ से आ गया
यह इख़्तियार आँखों का है यह फ़ैसला है दिल के पास

'सादी'-व-'हाफ़िज़' भी सही मसनद-निशानाने ग़ज़ल[4]
लेकिन कलीदाए-मयकदा[5] है 'ग़ालिबो', 'बेदिल' के पास

क्या ख़िज़्र[6] और क्या राहबर हैरान हैं उस बात पर
क्यों ख़ुशनशीं है क़ाफ़ला इक रानदाए-मंज़िल[7] के पास

1. बिना मोती वाली 2. प्रेमातुरता, प्रेम के घमंड 3. अहंकार 4. ग़ज़ल के प्रमाण-पत्र 5. शराबख़ाना 6. रास्ता देखाने वाले 7. गंतव्य स्थल।

वहशतें बढ़ती गयीं हिज्र के आज़ार[1] के साथ
अब तो हम बात भी करते नहीं ग़म-ख़्वार के साथ

हमने इक उम्र बसर की है ग़मे यार के साथ
मेरे दो दिन न जिए हिज्र के आज़ार के साथ

अब तो हम घर से निकलते हैं तो रख देते हैं
ताक़ पर इज़्ज़ते-सादात[2] भी दस्तार[3] के साथ

इस क़द्र खौफ़ है अब शहर की गलियों में कि लोग
चाप सुनते हैं तो लग जाते हैं दीवार के साथ

एक तो ख़्वाब लिए फिरते हो गलियों-गलियों
इस पर तकरार भी करते हो ख़रीदार के साथ

शहर का शहर ही नासेह हो तो क्या कीजिएगा
वर्ना हम रिंद[4] तो भिड़ जाते हैं दो चार के साथ

हमको इस शहर में तामीर[5] का सौदा है जहाँ[6]
लोग मेमार[7] को चुन देते हैं दीवार के साथ

जो शर्फ़ हमको मिला कूचा-ए-जानाँ से 'फ़राज़'
सूए-मक़्तल[8] भी गए हैं इसी पिंदार[9] के साथ

1. दुख-कष्ट 2. सैयदों की इज़्ज़त 3. पगड़ी 4. शराबी। 5. निर्माण 6. निर्माता 7. जहाँ हत्या की जाए 8. अहंकार 9. दिलवालों।

हम अहले-दिल[1] को भी किरदार[2] क्या दिए गए हैं
कि ज़ख़्म खाते गए हैं, दुआ किए गए हैं

हम अपनी आबला-पाई[3] पर मुनूफ़इल[4] तो नहीं
जो तेज़-रौ[5] थे उन्हें रास्ता दिए गए हैं

कहाँ से हौसला लाते हैं पयंबरों जैसा
सो क्या यह कम है कि शायर बना दिए गए हैं

जहाँने-इश्क़ से क्या दिल सा ताजदार क्या
जो शहरे-दर्द के परचम झुका दिए गए हैं

तो क्या कोई ताल्लुक़ नहीं रहा बाक़ी
तो क्या वह जितने दीये थे बुझा दिए गए हैं

सो शहरे-इल्म[6] का क्या हाल अब कहें कि वहाँ
मुहब्बतों के सहीफ़े[7] जला दिए गए हैं

नये ज़माने में आते रहेंगे लोग नये
हमारे नफ़से-क़दम[8] भी मिटा दिए गए हैं

1. दिलवालों 2. चरित्र 3. छालेदार पैर 4. शर्मिंदा 5. तेज़ चाल 6. नगर की शिक्षा, समझ 7. पत्रिकाएँ 8. पथचिन्ह।

यह तबियत है तो ख़ुद आज़ार[1] बन जाएँगे हम
चारागर रोएँगे ओरे ग़मख़्वार बन जाएँगे हम

हम सरे-चाके-वफ़ा[2] हैं और तेरा दस्ते-हुनर[3]
जो बना देगा हमें ऐ यार बन जाएँगे हम

क्या ख़बर थी ऐ निगारे-शे'र[4] तेरे इश्क़ में
दिलबराने-शहर के दिलदार बन जाएँगे हम

सख़्त-जाँ हैं पर हमारी उस्तवारी[5] पर न जा
ऐसे टूटेंगे कि तेरा इक़रार बन जाएँगे हम

और कुछ दिन बैठने दो कूए-जानाँ में हम
रफ़्ता-रफ़्ता सायाए-दीवार बन जाएँगे हम

इस क़दर आसाँ न होगी हर किसी से दोस्ती
आशनाई में तेरा मेयार[6] बन जाएँगे हम

मीर-व-ग़ालिब, क्या कि बन पाए नहीं फ़ैज़े-व-फ़िराक़
ज़ोम यह था रूमी-व-अत्तार बन जाएँगे हम

देखने में शाख़े-गुल लगते हैं लेकिन देख़ना
दस्ते-गुलचीं के लिए तलवार बन जाएँगे हम

हम चिराग़ों को तो तारीकी से लड़ना है 'फ़राज़'
गुल हुए पर सुबह के आसार[7] बन जाएँगे हम

1. रोगी 2. प्रेम को तोड़ने वाले 3. हस्तकला 4. चित्रमय पंक्ति शे'र 5. दृढ़ता, मजबूती 6. प्रमाण 7. आशा, अनुमान।

किसी की याद में इतना न रो, हुआ सो हुआ
कि दिल गँवा कि अब आँखें न खो, हुआ सो हुआ

कोई उसे न सुनाए हमारा हाले-ख़राब
मबादा उसको भी अफ़सोस हो, हुआ सो हुआ

जुदाइयों के ज़मानों का पूछते क्या हो
गुज़र गई जो गुज़रनी थी, जो हुआ सो हुआ

मुहब्बतों में अजब तो नहीं उजड़ जाना
सो मुझको देखके हैराँ न हो, हुआ सो हुआ

हज़ार और भी दुख-दिल ने पाल रखे हैं
चलो ये इश्क़ का आज़ार तो, हुआ सो हुआ

वफ़ा में हम भी कहाँ ऐसे ख़ुश-मामला थे
फ़क़त उसी से गिला क्यों करो, हुआ सो हुआ

'फ़राज़' ख़ुश हो मताए-हुनर[2] सलामत है
बला से इश्क़ की बाज़ी में जो, हुआ सो हुआ

1. हुनर की पूँजी।

फिरा हूँ सारे ज़माने में दर-बदर कैसा
मैं तेरे बाद भी ज़िंदा रहा मगर कैसा

वह जानता था कि कुछ रोज़ वह नहीं था तो मैं
पुकारता रहा उसको इधर-उधर कैसा

न एतबार न आसूदगी[1] न क़ुर्ब[2] तेरा
फ़क़त तकल्लुफ़े-दीवार[3]-व-दर है, घर कैसा

मैं जिसके हिज्र में रोया हूँ पागलों की तरह
वह कल मिला तो हँसा मेरे हाल पर कैसा

अज़ीज़तर[3] थी जिसे नींद शामो-वस्ल[4] में भी
वह तेरे हिज्र में जागा है उम्र भर कैसा

बस एक शख़्स की ख़ातिर बस एक दिल के लिए
वतन को तज दिया दीवानगी में, घर कैसा

कहाँ की दोस्ती, कैसा फ़िराक़, कौन 'फ़राज़'
मैं ख़ुद को भूल गया तुझको भूलकर कैसा

1. समृद्धि 2. अनुराग, स्नेह 3. सर्वप्रिय 4. संध्या मिलन।

क्यों न हम अहदे-रिफ़ाक़त[1] को भुलाने लग जाएँ
शायद इस ज़ख्म को भरने में ज़माने लग जाएँ

नहीं ऐसा भी कि इक उम्र की क़ुरबतें[2] के नशे
एक दो-रोज़ की रंजिश से ठिकाने लग जाएँ

यही नासेह जो हमें तुझसे न मिलने को कहें
तुझको देखें तो तुझे देखने आने लग जाएँ

हम कि हैं लज़्ज़ते-आज़ार के मारे हुए लोग
चारागर आएँ तो ज़ख़्मों को छुपाने लग जाएँ

रब्त के सैकड़ों हीले[3] हैं, मुहब्बत न सही
हम तेरे साथ किसी और बहाने लग जाएँ

साक़िया! मस्जिदो-मक्तब तो नहीं मयख़ाना
देखना फिर भी ग़लत लोग न आने लग जाएँ

क़ुर्ब अच्छा है मगर इतनी भी शिद्दत से न मिल
यह न हो तुझको मेरे रोग पुराने लग जाएँ

अब फ़राज़ 'आओ' चलें अपने क़बीले की तरफ़
शायरी तर्क करें, बोझ उठाने लग जाएँ

1. मित्रता के समय 2. प्रेम, लगाव 3. बहाने।

वह गया तो साथ ही ले गया सभी रंग उतारके शहर का
कोई शख़्स था मेरे शहर में, किसी दूर-पार के शहर का

चलो कोई दिल तो उदास था चलो कोई आँख तो नम रही
चलो कोई दर तो खुला रहा, शबे-इन्तज़ार के शहर का

कई ख़ुशबूएँ दरे-दोस्त तक मेरे साथ शमा-बदस्त थीं
मुझे पूछना न पड़ा पता, मेरे गुल-एज़ार[1] के शहर का

यह जो मैंने ताज़ा ग़ज़ल कही सो है नज़्रे-अहले-फ़िराक़[2] की
कि न मिल सका कोई नामाबर मुझे मेरे यार के शहर का

सो मताए-जाँ को लिए हो पलट आए तेरे गिरफ़्ता दिल
किसे बेचते कि मिला नहीं कोई एतबार के शहर का

मेरी तर्ज़े-नग़मा-सराई[3] से कोई बाग़बाँ भी ख़ुश न था
यह मेरा मिज़ाज है क्या करूँ कि मैं हूँ बहारे शहर का

किसी और देस की ओर सुना है 'फ़राज़' चला गया
सभी दुख समेट के शहर के, सभी क़र्ज़ उतार के शहर का

1. बुझे फूल 2. जुदाईवालों 3. गीत की प्रशंसा की तरह।

# नज़्में

*कि जो भी मैंने लिक्खा तपाके-जाँ से लिखा*
*जभी तो लोच कमाँ का, ज़बान तीर की है*

# अबियात[1]

## (बहुज़ूर सरवरे कायनात सल्लाहो अलैहेवसल्लम)

मेरे रसूल की निस्बत[2] तुझे उजालों से
मैं तेरा ज़िक्र करूँ सुबह के हवालों से

न मेरी ना'त[3] की मुहताज ज़ात है तेरी
न तेरी मद्ह[4] है मुमकिन मेरे ख़्यालों से

तू मेरी रौशनी का पयंबर[5] है और मेरी तारीख़[6]
भरी पड़ी है शब[7] ज़ुल्म की मिसालों[8] से

तेरा प्याम[9] मोहब्बत था और मेरे यहाँ
दिलो-दिमाग़ हैं पुर[10] नफ़रतों के जालों से

ये इफ़तिख़ार[11] है तेरा कि मेरे अर्शे-मक़ाम[12]
तू हमकलाम[13] रहा है ज़मीनवालों से

मगर ये मुफ़ती-ओ-वाएज़[14] ये मोहतसिब[15], फ़क़ीहे[16]
जो मोतबर[17] हैं फ़क़त मसलिहत[18] की चालों से

1. पैग़ंबर मोहम्मद की श्रद्धा में लिखी गई कविता 2. लगाव 3. पैग़ंबर की भक्ति गीत 4. प्रशंसा 5. पैग़ंबर 6. इतिहास, 7. रात 8. उदाहरणों 9. संदेश 10. लबालब 11. गर्व, सम्मान 12. उच्च स्थल 13. बातचीत करने वाला 14. मौलवी, पुजारी 15. मद्यनिषेध निरीक्षक 16. ज्ञानी 17. सम्मानित 18. संयोग

ख़ुदा के नाम को बेचें मगर ख़ुदा न करे
असर-पसीर[19] हों ख़ल्क़े-ख़ुदा[20] के नालों[21] से

न मेरी आँख में काजल न मिश्कबू[22] है लिबास
कि मेरे दिल का है रिश्ता ख़राबहालों[23] से

है तुर्शरू[24] मेरी बातों से साहबे-मिम्बर[25]
ख़तीबे शहर[26] है बरहम[27] मेरे सवालों से

मेरे ज़मीर[28] ने क़ाबील[29] को नहीं बख़्शा
मैं कैसे सुलह[30] करूँ क़त्ल करने वालों से

मैं बेबिसात[31] सा शायर हूँ पर करम[32] तेरा
कि बाशर्फ़[33] हूँ क़बा-व-कलाहवालों[34] से

19. प्रभावित 20. ईश्वर की प्रकृति 21. रुदन 22. कस्तूरी गंध सा 23. दुर्दशा 24. चिढ़े हुए 25. मस्जिद के इमाम 26. नगर प्रमुख 27. नाराज़ 28. अंतर्मन 29. एक बादशाह का नाम 30. समझौता 31. बिना ताक़त, बिना पूँजी वाला 32. कृपा 33. श्रेष्ठ 34. धार्मिक चिह्नों वाले कथित जोग़ाधारियों

# शायर

जिस आग से जी आज जल उठा है अचानक
पहले भी मेरे सीने में बेदार[1] हुई थी

जिस कर्ब[2] की शिद्दत से मिटी रूह[3] है बेकल
पहले भी मेरी ज़ीस्त[4] का आज़ार[5] हुई थी

जिस सोच से मैं आज लहू थूक रहा हूँ
पहले भी मेरे हक़ में यह तलवार हुई थी

वो ग़म, ग़मे-दुनिया जिसे कहता है ज़माना
वो ग़म, मुझे जिस ग़म से सरोकार नहीं था

वो दर्द कि हर दौर के इनसान ने झेला
वो दर्द मेरे इश्क़ का मयार[6] नहीं था

वो ज़ख़्म कि हर सीने का नासूर बना था
वो ज़ख़्म मुझे बाअसे-आज़ार[7] नहीं था

दुनिया ने तड़प कर मेरे शानों[8] को झिंझोड़ा
लेकिन मेरा एहसास ग़मे-ज़ात में गुम था

आती रहें कानों में अलमनाक पुकारें[9]
लेकिन मेरा दिल अपने ही हालात में गुम था

1. जागृत 2. दर्द 3. आत्मा 4. जीवन 5. दुख, रोग 6. स्तर 7. पीड़ा का कारण 8. कन्धों 9. आर्तनाद

मैं वक़्त से बेगाना ज़माने से बहुत दूर
जामो-मै-व-मीना ख़राबात[10] में गुम था

दरबार की तफ़रीह[11] का सामाँ था मेरा फ़न[12]
हाथों में मेरे ज़र्फ़-ए-गदा[13] लब पे ग़ज़ल थी

शाहों की हवाख़्वाही मेरा ज़ौक़-ए-सुख़न[4] था
ईवानों की तौसीफ़ो-सना[15] ओजे-अमल[16] थी

और उसके एवज़ लालो-जवाहर मुझे मिलते
वर्ना मेरा इनाम फ़क़त तेग़े-अजल[17] थी

छेड़े कभी मैंने लबो-रुख़सार के क़िस्से
गाहे[18] गुलो-बुलबुल की हिकायत[19] को निखारा

गाहे किसी शहज़ादे के अफ़साने सुनाए
गाहे किया दुनिया-ए-परिस्ताँ[20] का नज़ारा

मैं खोया रहा जिन्नो-मलायक[21] के जहाँ में
हर लख़्त[22] अगर्चे मुझे आदम ने पुकारा!

बरसों यूँ ही दिल जमीइ[23] औरंग[24] की ख़ातिर
सौ फूल खिलाए कभी सौ ज़ख़्म ख़रीदे

मैं लिखता रहा हज्व-बग़ावत मनिशों[25] की
मैं पढ़ता रहा क़स्र-नशीनों[26] के क़सीदे[27]

10. बुराइयों 11. मनोरंजन 12. कला 13. प्रशंसा-भाजन 14. संवाद-रुचि 15. प्रशंसा 16. उच्च व्यवहार 17. तलवार का समय 18. कभी 19. कथा 20. परियों के संसार 21. जिन्न की दुनिया 22. पल, टुकड़े 23. दिल के प्रति 24. सिंहासन 25. स्वभाव के विद्रोह की निंदा 26. महलवासी 27. कथा

उभरा भी अगर दिल में कोई जज़्बाए सरकश
इस ख़ौफ़ से चुप था कि कोई होंट न सी दे

लेकिन यह तिलस्मात भी ता देर न रह पाए
आख़िर मै-व-मीना-व-दफ़ व चंग भी टूटे

यूँ दस्त-गरेबाँ[28] हुए इंसाँ व ख़ुदावंद[29]
नख़चीर[30] तो तड़पे क़फ़स[31] रंग भी टूटे

इस कशमकश ज़र्रा-व-अंजुम[32] की फ़िज़ा में
कशकोल[33] तो क्या अफ़सरो-औरंग[34] भी टूटे

मैं देख़ रहा था कि मेरे यारों ने बढ़कर
क़ातिल[35] को पुकारा कभी मक़्तल[36] में सदा[37] दी

गाहे रसनोदार[38] के आग़ोश में झूले
गाहे हरमो-दैर[39] की बुनियाद हिला दी

जिस आग से भरपूर था माहौल का पसीना
वो आग मेरे लौहो-क़लम[40] को पिला दी

और आज शिकस्ता[41] हुआ हर तौक़े-तलाई[42]
अब फ़न मेरा दरबर की जागीर नहीं है

अब मेरा हुनर है मेरे जम्हूर[43] की दौलत
अब मेरा जुनूँ ख़ाएफ़े-ताज़ीर[44] नहीं है

अब दिल पर जो गुज़रेगी वो बेटोक कहूँगा
अब मेरे क़लम में कोई ज़ंजीर नहीं है

28. हाथ में क़मीज़ 29. ईश्वरभक्त 30. शिकार 31. पिंजड़ा 32. तारों के झुरमुट 33. भिक्षा पात्र 34. तख़्तोताज, सिंहासन 35. हत्यारे 36. हत्यास्थल 37. आवाज़ 38. रस्सी-रस्से 39. मंदिर-मस्जिद 40. क़लम क़ाग़ज 41. पराजित 42. स्वर्ण पदक 43. लोकतंत्र 44. दंड से भयभीत

# ये मेरी ग़ज़लें ये मेरी नज़्में

यह मेरी ग़ज़लें यह मेरी नज़्में
तमामतर[1] तेरी हिकायते[2] हैं

यह तज़किरे[3] तेरे लुत्फ़[4] के हैं
यह शे'र तेरी शिकायतें हैं

मैं सब तेरी नज़्र कर रहा हूँ
यह उन ज़मानों की सआतें[5] हैं

जो ज़िंदगी के नये सफ़र में
तुझे किसी वक़्त याद आएँ

तू एक इक् हर्फ़[6] जी उठेगा
पहनकर के अनफ़ास[7] की क़बाएँ[8]

उदास तन्हाइयों के लम्हे में
नाच उठेंगी यह अप्सराएँ

तुझे तेरे दर्द के अलावा भी
और दुख थे यह मानता हूँ

हज़ार ग़म थे जो ज़िंदगी की
तलाश में थे यह जानता हूँ

1. संपूर्ण 2. कथाएँ 3. वर्णन 4. आनंद 5. कहावतें, कहन 6. अक्षर 7. साँसों 8. पोशाकें

मुझे ख़बर थी कि तेरे आँचल में
दर्द की रेत छानता हूँ मैं

मगर हर बार तुझको छूकर
यह रेत रंगे-हिना[9] बनी है

यह ज़ख़्म गुलज़ार[10] बन गए हैं
यह आहे-सोज़ाँ[11] घटा बनी है

यह दर्दे-मौजे सबा[12] हुआ है
यह आग दिल की सदा बनी है

और अब यह सारी मताए-हस्ती[13]
यह फूल यह ज़ख़्म सब तेरे हैं

यह दुख के नोहे[14] यह सुख के नग़मे[15]
जो कल मेरे थे वह अब तेरे हैं

जो तेरी क़ुर्बत[16] तेरी जुदाई में
कट गए रोज़ोशब[17] तेरे हैं

वह तेरा शायर तेरा मुग़न्नी[18]!
वह जिसकी बातें अजब सी थीं

वह जिसके अंदाज़ खुसरौवाना[19] थे
और अदाएँ ग़रीब सी थीं

वह जिसके जीने की ख़्वाहिशें थीं
ख़ुद उसके अपने नसीब सी थीं

9. मेंहदी के रंग 10. फूल-गुलदस्ता 11. आर्तनाद 12. प्रातः बयार 13. व्यक्ति की पूँजी 14. शोक गीत 15. गीत 16. प्रेम 17. दिन-रात 18. गायक 19. राजों से

न पूछ उसका कि वह दवाना[20]
बहुत दिनों का उजड़ चुका है

वह कोहकन[21] तो नहीं था लेकिन
कड़ी चट्टानों से लड़ चुका है

वह थक चुका था और उसका तीशा[22]
उसी के सीने में गड़ चुका है

**20. घर 21. पहाड़ तोड़ने वाला, फ़रहाद 22. कुदाल**

# लख़तनी[1]

अधकटे बालों पर अफ़शाँ[2] के सितारे लरज़ाँ[3]
ख़ुरदुरे गालों पर ग़ाज़े[4] की तहें हाँफ़ती हैं

सर्द बेजान चेहरे पर थिरकती आँखें
जैसे मरघट में चिराग़ों की लौएँ काँपती हैं

टूटते जिस्म में लहराने की नाकाम उमंग
किसी सूखी हुई टहनी का झुकाव जैसे

लड़खड़ाते हुए क़दमों की गिराँ-रफ़्तारी[5]
ख़ुश्क[6] होती हुई नदी का बहाव जैसे

रक़्स[7] करती हुई पशवाज़[8] पे बाँहों की उड़ान
बादबाँ[9] जिस तरह गर्दाब[10] में चकराते हैं

या किसी झील में कंकड़ के गिरा देने से
चंद लम्हों के लिए दायरे बन जाते हैं

गर्द-आलूद[11] से माथे पे पसीने की नमी
रेगज़ारों[12] से अर्क़[13] फूट रहा हो जैसे

1. सीमावर्ती क्षेत्रों के वो युवा नर्तक जो शादी-विवाह और ख़ुशी के अवसरों पर लड़कियों का रूप धर कर नाचते-गाते हैं 2. बिंदी 3. झिलमिल 4. पाउडर 5. महँगी चाल 6. सूखी 7. नृत्य 8. एक पक्षी 9. शीत पट 10. गर्द-धूल 11. प्रदूषण 12. शीराओं 13. बूँद, रस

भुनभुनाते हुए हरगाम[14] पे पीले घुँधरू
दूर इक शीशमहल टूट रहा हो जैसे

ज़िंदगी बाल फ़िशाँ[15], ख़ाक-बरुख़[16], नाला-बलब[17]
मनजमिद[18], साकिन[19]-व-हैरान बेवले की तरह

चंद ताँबे के तराशे हुए सकूँ के एवज़[20]
ढोल की थाप पर रक़्साँ[21] है बगुले की तरह

14. हर जगह 15. चमकता बाल 16. चेहरा मिट्टी सा 17. परेशान हाल 18. स्थित 19. स्थिर 20. लिए 21. नृत्यरत

# ख़्वाबों के ब्योपारी

हम ख़्वाबों के ब्योपारी थे
पर इसमें हुआ नुक़सान बड़ा

कुछ बख़्त[1] में ढेरों कालक थी
कुछ अब के ग़ज़ब का काल पड़ा

हम राख लिए हैं झोली में
और सर प है साहूकार खड़ा

याँ बूँद नहीं है डेवे में
वो बाज-ब्याज की बात करे

हम बाँझ ज़मीन को तकते हैं
वो ढोर अनाज की बात करे

हम कुछ दिन की मुहलत[2] माँगें
वो आज ही आज की बात करे

जब धरती सहरा-सहरा[3] थी
हम दरिया-दरिया रोए थे

जब हाथ की रेखाएँ चुप थीं
और सुर संगीत में सोए थे

1. प्रारब्ध 2. छूट 3. रेगिस्तान-रेगिस्तान

तब हमने जीवन खेती में
कुछ ख़्वाब अनोख़े बोऐ थे

कुछ ख़्वाब सजल मुस्कानों के
कुछ बोल कबित दीवानों के

कुछ लफ़्ज़ जिन्हें मानी न मिले
कुछ गीत शिकस्ता जानों के

कुछ नीर वफ़ा की शम्ओं के
कुछ पर पागल परवानों के

फिर अपनी घायल आँखों से
ख़ुश हो के लहू छिड़काया था

माटी में मास की खाद भरी
और नस-नस को ज़ख्माया था

और भूल गए पिछली रुत में
क्या खोया था, क्या पाया था

हर बार गगन ने वह्म दिया
अबके बरखा जब आएगी

हर बीज से कोंपल फूटेगी
और हर कोंपल फल लाएगी

सर पर छाया छतरी होगी
और धूप घटा बन जाएगी

जब फ़स्ल कटी तो क्या देखा
कुछ दर्द के टूटे गजरे थे

कुछ ज़ख़्मी ख़्वाब के काँटों पर
कुछ ख़ाकिस्तर[4] से गजरे थे

और दूर उफ़ुक़[5] के सागर में
कुछ डोलते-डूबते बजरे थे

अब पाँव ख़ड़ाऊँ धूल भरी
और जिस्म पे जोग का चोला है

सब संगी साथी भेद भरे
कोई माशा है, कोई तोला है

उस ताक में ये उस घात में वो
हर ओर ठगों का टोला है

अब घाट न घर दहलीज़ न दर
अब पास रहा है क्या बाबा

बस तन की गठरी बाक़ी है
जा यह भी तू ले जा बाबा

हम बस्ती छोड़े जाते हैं
तू अपना क़र्ज़ चुका बाबा

4. जल कर राख 5. आकाश

# कुशान बीबी[1]

तू जब
बमबरियत के क़ातिल पहाड़ों की सलेबों से उतर आए
तो यह जाना
कि हम दश्ते-अदम[2] को पार कर आए
हर इक के पाँव छलनी, जिस्म शल[3]
अज़ा[4] थकन से चूर
लेकिन सब
हरासे-मर्ग[5] से बेजान, बेहिस थे
सभी यूँ ज़र्द-रू[6] जैसे
अभी तक आसमानों के सफ़र से लौटकर
रूहें नहीं आयीं
चलो हम सबके सब ज़िंदा हैं
जैसे भी हैं यकजा[7] हैं
'ज़िया', 'बासिद', 'सईद' और मैं

हमारा मेज़बाँ कब से न जाने
घरके दरवाज़े ख़ुले छोड़े
सुबह शहतीर के पुल पर हमारा मुनतज़िर[8] था
उसको यह मालूम था
हम अजनबी मेहमाँ
सयाहत[9] के लिए किन मुश्किलों से
हफ़्तख़्वाँ तै करके
इस वादी में आएँगे

1. ग़ैर-मुस्लिम देश की एक लड़की 2. पुराने जंगल 3. ठंडा 4. अंग 5. रोग से रुग्ण 6. पीले चेहरे 7. एकत्रित 8. प्रतीक्षा में 9. भ्रमण, पर्यटन

चिनारों के बुलंद अशजार[10]
अंगूरों की बेलें
चार-सू-सब्ज़ा[11]
हवाएँ बेदमिश्को-औदोमुर[12] की ख़ुश्बूओं से चूर-बोझल
ताइराने ख़ुशनुमा-व-ख़ुशनवा बेकल[13]
सुबक रफ़्तार चश्मों[14] की तहों में
पत्थरों का नीलम-व-याक़ूत[15] सा छलबल
उधर कुछ दूर बुज़गालों[16] के गले
नौजवाँ चरवाहियों के दूधिया चेहरों की सूरत
बर्फ़ से शफ़ाफ़[17]-व-दिल-आरा[18]
फ़िज़ा हैरत-फ़ज़ा[19], सहर-आफ़रीं[20] दुनिया
'मिज़ा बरहम मुज़न तानिकशनी रंगे तमाशारा'
हमारा मेज़बाँ[21] मुफ़लिस[22] था
लेकिन शाम को ख़्वाने-बज़ियाफ़त[23] देखकर
हम रक़्स-बदनदाँ[24] थे
कुशादा-तश्त[25] में बुज़ग़ालाएबरियाँ[26]
बतक में आबे-ताक
और कशतियों में ढेर सेबों के
अलाव में दहकती आग
कितनी गर्म कितनी ख़ूबसूरत थी

मगर हम मुनतज़िर उस पल के थे
जब काफ़िरिस्तान की जवाँ परियाँ
ज़मीनी ख़ुल्द[27] की हूरें[28]
दफ़ो-मृदंग की थापों पे रक़्साँ
अपने महबूबों की फ़ुरक़त[29]

10. पेड़ों 11. चारों ओर हरियाली 12. बेत, कस्तूरी और एक प्रकार की सुगंधित लकड़ी 13. प्रसन्नचित एक प्रकार की पक्षी, बेचैन 14. झरनों 15. निग्रो गुलाम जो काफी बलिष्ठ था, तथा रानी रज़िया सुल्तान का प्रेमी 16. पहाड़ी बकरे का बच्चा 17. साफ़-सुथरा 18. दिल को लगने वाला 19. हैरतज़दा 20. जुदाई 21. अतिथि 22. निर्धन 23. भरपूर भोज-पत्र 24. नाचने में मग्न 25. विशाल ट्रे 26. पहाड़ी बकरे के बच्चे का मांस 27. स्वर्ग 28. अप्सराएँ 29. जुदाई।

नशीले गीत गाएँगी
अलिफ़लैला के शहज़ादों की सूरत
हम में हर इक
उस तिलिस्माती फ़िज़ा के सहर में गुम था
बताने-आदज़ी का रक़्स जारी था
स्याह-मलबूस[30] में लिपटे हुए
मर-मर के बुत
सभी बाँहों में बाँहें डालकर ज़ंजीर की सूरत
कमाल की शक्ल में जुनबाँ
कि जैसे देवताओं के रथों की घोड़ियाँ
वहशत से पा-कुबाँ[31]
दफ़ व दमाया-व-मृदंग के आहंग[32] में
आहिस्ता-आहिस्ता
खनकते क़हक़हे—महबूब[33] आवाज़ें भी
शमिल हो गयीं आख़िर
कि जैसे नुक़रई[34] घुँघरू
अचानक झनझना उठें
सभी ग़ारतगिर[35] तमकीनोहोशो दुश्मने ईमाँ[36]
हर इक फ़ितनागिर दौराँ
मगर वह सर गिरोहे-नाज़नियाँ[37]
ग़ैरते-नाहिद[38]
जाने-हल्क़ाए-ख़ूबा[39]
कुशान बीबी
क़दो क़ामत क़यामत
जुंबिशें जादू
बदन तूफ़ान

ज़िया किरदार[40] में गो तुम
मुजस्सिम[41] सिदक़ो-ईसारोवफ़ा[42]

30. काले कपड़े 31. थरथर पाँव 32. साथ 33. प्रिय 34. कृत्रिम 35. विध्वंसकारी 36. शत्रु विश्वास के होश हवास 37. सुंदरियों का समूह 38. आत्मसम्मान 39. क्षेत्रविशेष 40. चमकता चरित्र 41. संपूर्ण 42. प्रेम न्योछावर करने की प्रतिबद्धता

दर्द आशना[42]-व-नफ़्स कुश[44] हमदम
लहू उसका भी इस शोले ने गरमाया
मगर सब साथियों से कम
बताने-आदज़ी रक़्साँ
मगर बासित जो इक फ़नकार[45]
लेकिन शिकवा-सनजे[46] ज़िंदगी हरदम
क़लम उसका दुर-अफ़शाँ-व-गुहर-तहरीर[47]
लेकिन, ख़ुदतही दामाँ[48]
शिकस्ता दिल
खुद अपने फ़न से अपने आप नालाँ[49]
यहाँ दुनिया के ग़म भूला हुआ
बिस्मिल[50]
हर इक पैकर[51] पे सौ-सौ जान से कुर्बान
सईद इक कम नज़र जज़्बात का पुतला
महनवदस
और फ़क़त जिस्मों का सौदागर
जो अपने साथियों से भी छुपाकर साथ लाया था
कई तोहफ़े
मुलम्मा की हुई अँगूठियाँ
झूठे नगों के हार
दिल आवेज़[52] आवेज़े[53]
किस माहिर शिकारी की तरह
अपनी कमंदो-दाम[54] पर नाज़ाँ[55]
हर इक पर सहरतारी[56] था
बताने-आदज़ी का रक़्स जारी था

ज़िया हैरत में गुम
बासित बख़ुद रफ़्ता[57]

43. जाना दर्द 44. संयम नष्ट करने वाला 45. कलाकार 46. शिकायत, आरोप 47. चमकती, कीमती लिख़ावट 48. मूल्यवान 49. परेशान 50. घायल 51. चेहरे 52. दिल का भानेवाला 53. ईयररिंग 54. तीरक मात्र 55. गवर्विक्त 56. जादू हावी 57. ख़ुदबखुद चलता हुआ

सईद अफ़्सूँज़दा[58]
मैं बुत
कुशान बीबी के लब
कलियों की सूरत नीमवा
और हम फ़क़त
आवाज़ की ख़ुश्बू से पागल
लज़्ज़ते मानी से नामहरम[59]
ज़बाने-यार कैलाशी-व-माअज़हर्फ़े-बेगाना[60]
(हमारे मेज़बान ने अनुवाद किया)
कुशान बीबी यह कहती है
'मेरी महबूब तू इक दस्तामुर[61] है
कि जो रातों को मेरी छातियों के दरमियाँ
ख़ुश्बू लुटाता है
मेरी हमजोलियो!
बस्ती के सारे नौजवानों में
मेरा महबूब प्यारा
जिस तरह वन के दरख़्तों में हो नख़्ले सब उस्तादा[62]
मेरा महबूब
जैसे झाड़ियों के दरमियाँ कोई गुले सोसन
मेरा महबूब मुझसे कल मिला था
उसने मुझसे ख़ूब बातें कीं
वह कहता था कि ऐ मेरी परी
ऐ नाज़नीं[63]
अब तो मेरी बस्ती के मेरे साथ चल
बरसात का मौसम चला
बादल बरस कर खुल चुके
अंगूर और सेबों की मिट्टी जाग उठी
ऐ कोहसारों[64] की चकरोरी
तू न जाने किन पहाड़ों की दरारों में छुपी है

58. दुखी 59. अनजान 60. यार की भाषा पहाड़ी और मैं हर शब्द से अनभिज्ञ 61. ख़ुश्बुओं का पिटारा 62. सेब लदा हुआ 63. सुंदरी 64. पहाड़ों

## आ और हमराह चल प्यारी

बताने-आदज़ी का रक़्स जारी थीं
फ़िज़ा पर सहर तारी थी
हर इक की आँख में तिल की तरह
वह काफ़रिस्तान की क़िलयोपेट्रा
मगर हम में कोई सीज़र न अनतोनी
ज़िया गौतम सी
लेकिन कुशबान बीबी
वह काफ़िर जो 'ज़िया' को भी न सौंपी जाए है मुझसे
न जाने किस तरह यह शब ढली
लेकिन सहरदम[65]
जब परिंदों के चहकने की सदा आई
कुशान बीबी
स्याह मलबूस में लिपटी
जबीं[66] पर कोड़ियों का ताज
गालों पर घनी ज़ुल्फ़ें
कनीज़ों[67] की तरह अपनी रफ़ीक़ों[68] के लिए
रुख़सत हुई हमसे
बसद-अंदाज़े इसतग़ाना व दाराई[69]
तो हम सारे तमाशाई थे पत्थर
और पत्थर थे तमाशाई

65. प्रातः तक 66. पेशानी 67. सेविकाओं 68. सहेलियों 69. निस्पृह और अनजान से अंदाज़ के साथ

# ख़्वाब मरते नहीं

ख़्वाब मरते नहीं
ख़्वाब दिल हैं न आँखें न साँसें कि जो

रेज़ा-रेज़ा[1] हुए तो बिखर जाएँगे
जिस्म की मौत से यह भी मर जाएँगे

ख़्वाब मरते नहीं
ख़्वाब तो रौशनी हैं, नवा[2] हैं, हवा हैं

जो काले पहाड़ों से रुकते नहीं
जुल्म के दोज़खों से भी फुँकते नहीं

रौशनी और नवा और हवा के अलम[3]
मक़्तलों[4] में पहुँचकर भी झुकते नहीं

ख़्वाब तो हर्फ़ हैं
ख़्वाब तो नूर[5] हैं

ख़्वाब सुक़रात हैं
ख़्वाब मंसूर हैं

1. कण-कण 2. शब्द, गीत 3. ध्वज 4. हत्यास्थलों 5. दिव्य ज्योति

## फ़स्ले राएगाँ[1]

ज़िंदगी के ख़्वाब फ़स्ले राएगाँ
तू दरीदा दिल[2] में आशुफ़्ता-बयाँ[3]
ज़िंदगी के ख़्वाब फ़स्ले राएगाँ

राएगाँ हर दर्द के सूरज की धूप
आबले हाथों के माथे का अर्क़
गेसुओं के सब्र होंटों के शफ़क़[4]
मेरे दिल की आस तेरा रंग-रूप
राएगाँ ख़ूने-वफ़ा की नदियाँ
कश्ते-बहासिल का हासिल बेनिशाँ

आँसुओं की झील दोपहरों की लू
जिस्म शल एहसास मुर्दा दिल लहू
चार जानिब[5] रेत के टीले वालों
कोई नोहागर[6] न कोई चश्मनम[7]

सिर्फ़ हम तू भी कहाँ मैं भी कहाँ
जैसे वीराने में लाशें बेअमाँ[8]

वे कफ़न, बेगोर[9], रिज़्क़े-करगसाँ[10]
और यह यादें भी कुछ लम्हों की हैं
जिस तरह सहरा में क़दमों के निशाँ
जिस तरह ताज़ीयाती-ख़मोशियाँ[11]

1. बेकार मौसम 2. टूटे दिल 3. कर्म की बातें 4. चमक 5. ओर 6. शोक गीत लिखने वाले 7. आँख भरी हुई 8. अशांत, असुरक्षित 9. बिना दफ़न किए 10. गिद्ध की ख़ुराक़ 11. श्मसानी सन्नाटा

# हम अपने ख़्वाब क्यों बेचें

फ़क़ीराना रविश[1] रखते हैं
लेकिन इस क़द्रनादार[2] हम कब थे
कि अपने ख़्वाब बेचें

हम अपने ज़ख़्म आँखों में लिए फिरते थे
लेकिन रौनक़े-बाज़ार[3] हम कब थे
हमारे हाथ ख़ाली थे
मगर ऐसा न था फिर भी
कि हम अपनी दरीदा-दामनी[4]
और जाने-शोरीदा[5] लिए
गलियों में आवाज़ लगाते
'ख़्वाब ले लो, ख़्वाब लोगों!'
इतने कम पिंदार[6] हम कब थे
हम अपने ख़्वाब क्यों बेचें
कि जिनको देखने की आरज़ू[7] में
हमने आँखें तक गँवा दी
और आशिक़ी में
और हवाख़्वाही[8] में
हर तरग़ीब[9] की शम्एँ बुझा दीं

चलो हम बेनवा
महरूमे-सक़्फ़ो-बामो-दर[10] ठहरे

1. साधु-संतों सा व्यवहार 2. दरिद्र 3. बाज़ार के लायक़ 4. जर्जर दामन 5. जीर्ण जिस्म 6. अहंवादी 7. इच्छा 8. हवा ख़ोरी 9. प्रलोभन 10. छत द्वार से वंचित

चलो हम बदमुक़द्दर[11], बेहुनर ठहरे
पर अपने आस्माँ की दास्तानें
और ज़मीं के अंजुमो-महताब[12] क्यों बेचें
ख़रीदारो!
तुम अपने काग़ज़ी अंबार लाए हो
हवस की मंडियों से दिरहमो-दीनार[13] लाए हो
तुम ऐसे दाम तो हर बार लाए हो
मगर तुम पर
हम अपने हर्फ़ के ताऊस[14]
अपने ख़ून के सुर्ख़ाब क्यों बेचें

11. बुरा भाग्य 12. चाँद-तारे 13. मुद्राएँ 14. सिंहासन

## वापसी

उसने कहा
सुन
अहद[1] निभाने की ख़ातिर मत आ
अहद निभाने वाले अक्सर
मजबूरी या महजूरी[2] की थकन से लौटा करते हैं
तुम जाओ
और दरिया-दरिया प्यास बुझाओ
जिन आँखों में डूबी
जिस दिल में भी उतरो
मेरी जलन आवाज़ न देगी
लेकिन जब मेरी चाहत
और मेरी ख़्वाहिश की लौ
इतनी तेज़ और इतनी
ऊँची हो जाए
जब दिल रो दे
तब लौट आना

1. वचन 2. जुदाई

# अब किसका जश्न[1] मनाते हो

अब किसका जश्न मनाते हो
उस देस का जो तक़सीम[2] हुआ
अब किसका गीत सुनाते हो
उस तन-मन का जो दो नीम[3] हुआ

उस ख़्वाब का जो रेज़ा-रेज़ा
उन आँखों की तक़दीर हुआ
उस नाम का जो टुकड़े-टुकड़े
गलियों में बेतौक़ीर[4] हुआ

उस परचम का जिसकी हुरमत[5]
बाज़ारों में नीलाम हुई
उस मिट्टी का जिसकी हुरमत
मंसूब-अदूँ[6] के नाम हुई

उस जंग का जो तुम हार चुके
उस रस्म का जो जारी था
उस ज़ख़्म का जो सीने पे न था
उस जान का जो वारी भी नहीं

उस ख़ून का जो बदक़िस्मत था
राहों में बहा या तन में रहा
उस फूल का जो बेक़ीमत था
आँगन में खिला या वन में रहा

1. उत्सव 2. विभाजित 3. टुकड़े 4. अपमानित 5. इज़्ज़त 6. प्रतिद्वंद्वी शत्रु

उस मशरिक़[7] का जिसको तुमने
नेज़े[8] की अना-मरहम[9] समझा
उस मग़रिब[10] का जिसको तुमने
जितना भी लूटा कम समझा

उन मासूमों का जिनके लहू से
तुमने फ़रोज़ाँ[11] रातें की
या उन मज़लूमों[12] का जिनसे
ख़ंजर की ज़बाँ में बातें कीं

उस मरियम का जिसकी इफ़्फ़त[13]
लुटती है भरे बाज़ारों में
उस ईसा का जो क़ातिल है
और शामिल है ग़मख़्वारों[14]

इन नोहागरों का जिनने हमें
ख़ुद क़त्ल किया ख़ुद रोते हैं
ऐसे भी कहीं दमसाज़[15] हुए
ऐसे जल्लाद[16] भी होते हैं

उन मूर्ख़ा नंगे ढाँचों का
जो रक़्स सरे-बाज़ार करें
या उन ज़ालिम क़ज़्ज़ाक़ों का
जो भेस बदलकर वार करें

या उन झूठे इक़रारों का
जो आज तलक एफ़ा[17] न हुए
या उन बेबस लाचारों का
जो और भी दुख का निशाना हुए

7. पूरब 8. कटार 9. दवा 10. पश्चिम 11. प्रकाशमान 12. पीड़ित 13. इज़्ज़त 14. दुखी लोग 15. मित्र 16. फाँसी पर चढ़ाने वाले 17. पूरे

इस शाही का जो दस्तबदस्त[18]
आई है तुम्हारे हिस्से में
क्यों नंगे वतन की बात करो
क्या रक्खा है इस क़िस्से में

आँखों में छुपाए अश्कों की
होंटों पे वफ़ा के बोल लिए
इस जश्न में मैं भी शामिल हूँ
नोहों से भरा कशकोल लिए

18. हाथों हाथ

# रोज़ना जर्मन नज़ाद[1]

रोज़ना जर्मन नज़ाद
इसके होंटों में हरारत
जिस्म में तूफ़ान
बरहना[2] पिंडलियों में आग
नीयत में फ़साद
रंगों-नस्लो क़ामतो-क़द
सर ज़मीनो दीन[3] के सब तफ़रक़ों[4] से बेनियाज़[5]
हर किसी से बेतकल्लुफ़ एक हद तक दिलनवाज़
वो सभी के हमप्याला, हम नफ़स[6]
उम्र शायद बीस से ऊपर बरस या दो बरस

रोज़ना जर्मन नज़ाद
और देखने वालों में सब
उसकी आसूदा-निगाही[7] के सबब
पैकरे-तस्लीमो-सरतापा-तलब[8]
इनमें हर इक की मताएकुल[9]
बहाए-इलतिफ़ाते-नीम शब[10]
रोज़ना जर्मन नज़ाद
और उसका दिल ज़ख़्मों से चूर
अपेन हमदर्दों से हमसायों से दूर
घर की दीवारें न दीवारों का सुरूर[11]
जंग के आतिशकदे[12] का रिज़्क़ कब से बन चुका

1. जर्मन नस्ल की रोज़ना 2. नंगी 3. धर्म 4. मतभेदों 5. अछूता 6. अंतरंग मित्र 7. अच्छी दृष्टि 8. व्यक्ति के समान समर्पण की चाहत 9. कुल पूँजी 10. अँधेरी रात का आकर्षण 11. नशा 12. ज्वालागृह, अग्निगृह

हर आहनी[13] बाजू का ख़ूँ[14]
हर चाँद से चेहरे का नूर

ख़िलवतें[15] ख़ामोशो-वीराँ
और हर दहलीज़ पर इक मुज़तरब[16] मर-मर का बुत
ईसतादा[17] है बचश्मे-नासबूर[18]
कौन है अपनों में बाक़ी
तू सनेराहे तलब[19] का शहसवार[20]
हर दरीये का मुक़द्दर का इंतज़ार
अजनबी मेहमाँ के दस्त के ख़्वाब
शायद ख़्वाब की ताबीर भी
चंद लम्हों की रिफ़ाक़त[21] जावदाँ[22]
हसरते तामीर[23] भी
अलविदाई शाम[24], आँसू, अहदो-पैमाँ[25]
मुज़तरब सय्याद भी नख़चीर[26] भी
कौन कर सकता है वर्ना हिज्र के काले समुंद्र को ऊबूर[27]
अजनबी मेहमाँ का इक हर्फ़े वफ़ा
नौ-उम्मीद[28] चाहत का ग़ुरूर[29]
रोज़ना अब अजनबी के मुल्क में ख़ुद अजनबी
फिर भी चेहरे पर उदासी है न आँखों में थकन
अजनबी का मुल्क जिसमें चारसू[30]
तारीकियाँ[31] ही खे़माज़न[32]
सबके सायों से बदन
रोज़ना मर-मर का बुत

और इसके गिर्द
नाचते साये बहुत

13. लोहे का 14. ख़ून 15. ज़नानख़ाना 16. अधीर, बेचैन 17. उपस्थित, आतुर 18. संयमहीन नेत्र 19. मंजिल की चाहत 20 घुड़सवार 21. मित्रता 22. हावी 23. इच्छा निर्माण 24. जुदाई की शाम 25. वचन भरोसा 26. शिकार 27. पार 28. नई आशा 29. घमंड 30. हर ओर 31. अँधेरा 32. ख़ेमे में फैली हुई

सबके होंटों पर वही हर्फ़े वफ़ा
एक ही सबकी सदा
वह सभी के हम प्याला-हम नफ़स
उम्र शायद बीस से ऊपर बरस या दो बरस
उस आँखों में तजस्सुम[33]
और बस

33. जिज्ञासा

# यह कैसी रुत है

यह कैसी रुत है
कि हर शजर
सहने-गुलिस्ताँ में
मलूलो-तन्हासुल रहा है
तय्यूर[1] चुपचाप कबसे मिनक़ारे-ज़ेरे-पर[2] हैं
हवाएँ नोहाकुनाँ[3]
कि इस बाग़ की बहारें
गई, तो फिर लौटकर न आयीं
यह कैसी रुत है
न बर्फ़ बारी के दिन
कि शाख़ों के पैरहन पर
सपीदाए-सुवह[4] का गुमाँ[5] हो
न फ़स्ले-गुल[6] है
कि हर तरफ़ शोर जाँफ़रोशाँ[7] से
कूए-महबूब[8] का समाँ[9] हो
न दौर पतझड़ का है
कि बेजान कोंपलों की
उम्मीद फ़रदाए[10] मेहरबाँ ही

यह कैसी रुत है
कोई तो बोले
कोई तो धड़के
कोई तो भड़के

1. एक पक्षी 2. चोंच पर के नीचे दबाए 3. शोकमग्न 4. सुबह की सफ़ेदी 5. भान 6. फूल का मौसम 7. जान बेचनेवालों 8. प्रेमी की गली 9. दृश्य 10. कल की आशा

## दीवार और साया

रोज़ जब धूप पहाड़ों से उतरने लगती
कोई घटता हुआ बढ़ता हुआ बेकल साया
एक दीवार से कहता कि मेरे साथ चलो

और ज़ंजीरे-रिफ़ाक़त से गरेजाँ[1] दीवार
अपने पिंदार[2] के नशे में सदा-उस्तादा
ख़्वाहिशे हमदम-देरीना[3] पे हँस देती थी

कौन दीवार किसी साये के हमराह चली
कौन दीवार हमेशा मगर उस्तादा[4] रही
वक़्त दीवार का साथी है न साये का रफ़ीक़[5]

और अब संगो-गुल वहशत के बल के तलने
इसी दीवार का पिंदार है रेज़ा-रेज़ा
धूप निकली है मगर जाने कहाँ है साया

1. जान देती 2. घमंड 3. पुराना अच्छा 4. उतावली 5. मित्र

# बेरूत-1

यह सर-बरीदा-बदन[1] है किसका
यह जामाए-ख़ून-कफ़न[2] है किसका
पर ज़ख़्म-ख़ूर्दा-रिदा[3] है किसकी
यह पारा-पारा सदा है किसकी
यह किस लहू से ज़मीन याक़ूत बन गई है
यह किसकी आग़ोश किसका ताबूत बन गई है
यह किस नगर के सबूत हैं
जो दयारे-अंगार[5] में खड़े हैं
यह कौन बे-आसरा हैं
जो तेग़े-क़ातिलाँ[6] हैं
कटी हुई फ़सल की तरह
जा-बजा[7] पड़े हैं
यह कौन माँ है
जो अपने लख़्तेजिगर[8] को मलबे में ढूँढती है
यह कौन बाबा है
जिसकी आवाज़ें शोरे-महशर[9] में दब गई है

यह कौन मासूम है
कि जिनको
स्याह[10] आँधी दीये समझकर बुझा रही है
उन्हें कोई जानता नहीं है
उन्हें कोई जानना न चाहे
यह किस क़बीले के सरबकफ़ ज़ाँनिसार[11] हैं
जिनको कोई पहचाना नहीं है

1. ज़ख़्मी बदन 2. रक्त रंजित कफ़न 3. घायल की पुकार 4. अंगार के घर 5. हत्यारे की तलवार 6. इधर-उधर 7. बेटा 8. प्रलय का शोर 9. काली 10. सर पर कफ़न बाँधे जाँबाज़ 11. प्राण न्यौछावर कर देने वाला

कोई भी पहचाना ना जाए
कि इनकी पहचान इम्तहाँ है
कि उनकी पहचान में ज़ियाँ[12] है
न कोई बच्चा न कोई बाबा न कोई माँ है
महलसराओं[13] में ख़ुशमुक़द्दर शय्यूख़[14] चुप
बादशाह चुप हैं
हरम[15] के सब पासबान[16]
आलमपनाह चुप हैं
मुनाफ़िक़ो[17] के गिरोह के
सरबराह[18] चुप हैं
तमाम अहले-रेया[19] कि जिनके लबों पे है
'ला इलाहा' चुप हैं

12. नुक़सान 13. राजप्रसादों 14. भाग्यवान शेख़ 15. महिला आवास 16. चौकीदार 17. विरोधियों 18. प्रमुख 19. जनता

# मुहासरा[1]

मेरे ग़नीम[2] ने मुझको प्याम भेजा है
कि हल्क़ाज़न[3] हैं मेरे गिर्द[4] लश्करी[5] उसके
फ़सीले-शहर[6] के हर बुर्ज, हर मीनारे पर
कमाँ-बदस्त[7] सतादा[8] हैं अस्करी[9] उसके

वह बर्क़-लहर[10] बुझा दी गई है जिसकी तपिश[11]
वजूदे-ख़ाक[12] में आतिशफ़िशाँ[13] जगाती है
बिछा दिया गया बारूद उसके पानी है
वो जूएआब[14] जो मेरी गली को आती थी

सभी दरीदादहन[15] अब बदनदरीदा हुए
सुपुर्दे-दारोरसून[16] सारे सर कशीदा[17] हुए
तमाम सूफ़ी-व-सालिक[18], सभी शय्यूख़ो-इमाम[19]
उम्मीदे-लुत्फ़ पे एवान-कजकलाह[20] में हैं

मुअज़्ज़ीने-अदालत[21] हलफ़[22] उठाने को
मिसाले सायले मम्बरम[23] नशिस्ता[24] राह में हैं
तुम अहले-हर्फ़[25] के पिंदार के सनागर[26] थे
वो आसमाने-हुनर के नजुम[27] सामने हैं

1. घेरा, दायरा 2. शत्रु 3. घेरे हुए 4. ओर 5. सैनिक 6. नगरसीमा 7. कमान समेत 8. तैयार 9. सैनिक 10. बिजली की लहर 11. आग 12. मिट्टी के अस्तित्व 13. चिंगारी 14. नहर 15. ज़ख़्मी चेहरे 16. सागोपांग 17. घायल 18. संत-महात्मा 19. शेख़-इमाम 20. संसद चादरों में छुपी 21. अदालत के सम्मानित जनों 22. शपथ 23. फ़कीरों से 24. समूह-समूह 25. पढ़े-लिखे 26. प्रशंसक 27. ज्योतिष

बस इक मुसाहिबे-दरबार[28] के इशारे पर
गदागराने-सुख़न[29] के हुजूम के सामने हैं
क़लंदाराने-वफ़ा की असास[30] तो देख
तुम्हारे पास है कौन आसपास तो देखो

सौ शर्त यह है जो जाँ की अमान चाहते हो
तो अपने लौहो क़लम क़त्लगाह में रख दो
वगर्ना अबके निशाना कमानदारों का
बस एक तुम हो, सो ग़ैरत को राह में रख दो

यह शर्त नामा जो देखा तो ऐलची से कहा
उसे ख़बर नहीं तारीख़ क्या सिखाती है
कि रात जब किसी ख़ुरशीद को शहीद करे
तो सुबह इक नया सूरज तराश लाती है

सो यह जवाब है मेरा मेरे अदू के लिए
कि मुझको हिर्से-करम[31] है न ख़ौफ़े-ख़मियाज़ा[32]
उसे है सतूते-शमशीर[33] पर घमंड बहुत
उसे शिकवाए क़लम का नहीं है अंदाज़ा

मेरा क़लम नहीं किरदार उस मुहाफ़िज़[34] का
जो अपने शहर को महसूर[35] करके नाज़[36] करे
मेरा क़लम नहीं कासा[37] किसी सुबुक सर का
जो गासबों[38] को क़सीदों से सरफ़राज़[39] करे

मेरा क़लम नहीं उस नक़बज़न[40] का दस्ते-हवस[41]
जो अपने घर की ही छत में शगाफ़[42] डालता है
मेरा क़लम नहीं उस दुज़्दे नीमशब[43] का रफ़ीक़
जो बेचराग़ घरों पर कमंद उछालता है।

28. दरबारवाले 29. बात करने वालों 30. पूँजी 31. कृपा का लाख 32. ख़मियाज़ा का भय 33. तलवार की धार 34. रक्षक 35. घेर 36. गर्व 37. कवच 38. अप भोगियों 39. सम्मानित 40. औरतों 41. वासना के हाथ 42. सूराख़ करना 43. आधी रात

**मेरा क़लम नहीं तस्बीह[44] उस मुबल्लिग़[45] की**
**जो बंदगी[46] का भी हरदम हिसाब रखता है**
**मेरा क़लम नहीं मीज़ान[47] ऐसे आदिल[48] की**
**जो अपने चेहरे पर दोहरा नक़ाब रखता है।**

44. मनके की माला 45. धर्म प्रचारक 46. प्रार्थना-पूजा 47. प्रमाण 48. न्यायवादी

# बेरूत-2

मेरे बच्चों के जिस्मों पर
ज़ख़्मों के पैराहन[1] हैं
ममताओं की खाली गोदियाँ
बिन-कुतबों[2] के मदफ़्न[3] हैं

जितने भी सावंतजवाँ[4] थे
पैहम[5] कटते जाते हैं
मेरे बाग़ के जितने फूल थे
पल-पल घटते जाते हैं

लहू-लुहान हैं गलियाँ कूचे
आँगन ख़ून से जलथल हैं
सब देहलीज़ों पर लाशें हैं
सब चौराहे मक़्तल हैं
कुछ ख़ीमे कुछ ज़िंदा साये
अब मैदान में बाक़ी हैं
चंद अलम[6] कुछ गीत अभी तक
इस तूफ़ान में बाक़ी है
तेल के चश्मों के सौदागर
अन्नदाता ख़ुश बैठे हैं
महलसरा की हरमसरा में
ख़्वाजासरा[7] ख़ुश बैठे हैं

1. लिबास 2. नाम पर 2. दफ़न 4. जवान लोग 5. बार-बार 6. परचम, हवन 7. हिजड़े

# वियतनाम

मुझे यक़ीन है
कि अब भी तारीख़ की अदालत में
वक़्त लाएगा
आज के बेज़मीरो-दीदा-देलेर क़ातिल को
जिसके दामानो-आस्तीं
ख़ून बेगुनाहाँ से तरबतर हैं
तो नस्ले आदम
वफ़ूरे-नफ़रत[1] से रूए-क़ातिल[2] पे थूक देगी
मगर मुझे इसका भी यक़ीं है
कि कल की तारीख़
नस्ले आदम से यह पूछोगी
"ऐ मुहज़्ज़बजहाँ के मख्लूक[3]
कल तेरे रूबरू यही बेज़मीर क़ातिल
तेरे क़बीले के बेगुनाहों को
जब तह-तेग़ कर रहा था
तू तमाशाइयों की सूरत
ख़ामोश व बेहिस
दरिंदगी के मुज़ाहरे[4] में शरीक
तेरी यह सब नफ़रतें कहाँ थी
बता कि इस जुल्मकैश क़ातिल की तेग़बर्रां में
और तेरी मसलेहत के तीरों में
फ़र्क़ क्या है?
तो सोचता हूँ
कि हम सभी क्या जवाब देंगे

1. भरपूर घृणा 2. हत्यारे के चेहरे 3. सभ्य दुनिया के लोग 4. प्रदर्शन

# क़लम सुर्ख़रू है

क़लम सुर्ख़रू है
कि जो उसने लिखा
वही आज मैं हूँ
वही आज तू है
क़लम ने लिखा था
कि जब भी ज़बानों पर पहरे लगे हैं
तो बाज़ूसनाँ तौलते हैं
कि जब भी लबों पर ख़ामोशी के ताले पड़े हों
तो ज़िंदाँ के दीवारदर बोलते हैं
कि जब हर्फ़-ज़ंजीर होता है
शमशीर होता है आख़िर
तो आमद की तक़दीर होता है आख़िर
कि जो हर्फ़ है
ज़ीस्त[1] की आबरू[2] है

क़लम सुर्ख़रू है
क़लम ने लिखा था
यह धरती इसी की है जो
जुल्म के मौसमों में
ख़ुले आसमानों तले
उसकी मिट्टी में अपना लहू छीलता है
जो अपनी लहू की तमाज़त[3] से
जुल्फ़ेनमू[4] की गिरह खोलता है
वही जिसकी पोरों की मस से
सकूते ज़मीं बोलता है

1. जान, वजूद 2. इज़्ज़त 3. ताप 4. बालों की शक्ति

मगर जिसने बोया काँटा था
उसके मुक़द्दर में नाने-जवें[5] तक न थी
और जिसके लबों पर नहीं तक न थी
उसी से इबारत[6] ये सब रंगोबू है
क़लम सुर्ख़रू है

क़लम सुर्ख़रू है
कि इसने लिखा था
वह बाजू
जो पत्थर से हीरा तराशें
मगर वे निशाँ उनके घर
बेकफ़न उनकी लाशें
वही कोहकन[7]
जिनके तीशे[8] पहाड़ों के दिल चीर डालें
मगर ख़ुसरवाने जहाँ उनकी शीरीं चुरालें
वही जिनके जिस्मों के पैबंद
अहले-हवस[9] की क़बा[10] में लगे थे
वही सादादिल
जिनकी नज़रें फ़लक पर जमीं थीं
तो लब मनअमों[11] की सना[12] में लगे थे
अब उनकी सना चारसू है
क़लम सुर्ख़रू है

5. जौ की रोटी 6. रचना, लिखावट 7. पहाड़ तोड़ने वाला फ़रहाद 8. कुदाल 9. कामुक जन 10. कपड़े 11. शांतिदूतों 12. प्रशंसा

# जलावतन

मुझे जलावतन[1] कहें
ख़ानाबदोश कहें
या शोरीदा[2] शायर मानें (जो भी कहें)
मैं एक ख़ामोशतबा[3] और मरन-जाँ[4] इनसान हूँ
अपनी ग़ैर-मरई[5] रफ़्तार से गामज़न[6]
अपने मनसूबों में मगन
ग़ुलामी की हद तक ख़ुशख़ल्क़[7]
लेकिन फिर भी
कभी-कभी मातमी नोहे[8]
मेरे दिल को अपनी गिरफ़्त में लेते हैं
मेरी ख़ामोश आँखों के पीछे
मेरे सर में
सायरन और इनसानी चीख़ों की आवाज़ें
गूँजने लगती हैं

1. तड़ीपार 2. छुपा, गुमनाम 3. मौन स्वभाव का 4. मरणासन्न 5. गतिहीन 6. अग्रसर 7. प्रसन्नचित 8. शोक गीत।

# आज जेलख़ाने में

आज जेलख़ाने में
एक ख़ामोश अहद के तेहत
हम क़ैदियों को एक गीत गाने की इजाज़त है
अफ्रीक़ा सलामत रहे
सिर्फ़ एक गीत
हमआहनगी[1] और मतानत[2] के साथ
जज़्बों पर ज़ब्त के बंद बाँध लूँ
एहसासात की लौ नीचे रखे हुए
क़ैदी तो मगर उस्तवार[3] आवाज़ों में गाते हैं
अफ्रीक़ा तेरी ख़ैर हो
आँखों के पीछे
दिल की गहराइयों से उमड़े नुकीले आँसू
बे ठिकाना परिंदे की वहशत की तरह
कोई नाम मक़ाम ढूँढ़ते हैं·
जिनपर क़याम कर सकें
इन कारनामों का ज़िक्र
जो वह अंजाम दे चुके
उन मरहलों[4] का तज़किरा[5]
जिनसे गुज़रे हैं
उन मुरादों[6] की फ़ेहरिस्त
जिनके हुसूल[7] के लिए अभी बहुत कुछ करना है
आज जेल ख़ाने में
हमें एक गीत गाने की इजाज़त है

1. आपसी संकल्प 2. गंभीरता 3. बुलंद, स्थायी 4. समस्याओं 5. वर्णन 6. आशाओं 7. प्राप्ति।

# आओ नज़्में लिखें

आओ नज़्में लिखें
ख़ून की मानिंद सुर्ख़ तरोताज़ा
घंटियों की तरह खटकती हुई नज़्में
जो लोगों को जगाएँ
जिनका मौज़ू[1] : ज़िंदगी हो मौत नहीं
उम्मीद हो मायूसी नहीं
सुबह हो शाम नहीं
ताज़गी हो पसमर्दगी[2] नहीं
जद्दोजहद हो हज़मत[3] नहीं
शायर!
लोगों को यक़ीन दिलाओ
कि ख़्वाब भी हक़ीकत बन सकते हैं
आज़ादी की बात करो
और धनवान को
उसके मुअत्तर[4] ख़िलवतख़ाने[5] की दीवारों पर
फ़नपारे[6] सजाने दो
आज़ादी की नात करो
और लोगों की आँखों को छूकर
उन्हें एहसास दिलाओ
कि उनमें बेशुमार होने की क़ुव्वत[7] मौजूद है
वह कुव्वत जो क़ैदख़ानो की सलाख़ों को
घास की बालियों की तरह मरोड़ देती है
जो संगख़ारा की दीवारों को

1. विषय 2. वीरानी 3. पराजय 4. सुगंधित 5. ज़नानख़ाने, पर्दे के अंदर 6. किताबें 7. शक्ति, सामर्थ्य

काँच की तरह रेज़ा-रेज़ा[8] कर देती है
शायर, उन लोगों को ढूँढ़ों।
जो काफ़लों के
दहाने ख़ोल देते हैं।
उनसे पहले कि आनेवाले
दस बरसों को।
गुज़रे हुए दस बरस खा जाएँ

8. टुकड़े-टुकड़े।

# पुलिस मुक़ाबला
## (सरकारी हैंड आउट)

वह नवीं मंज़िल से कूद कर मर गया
उसने गले में फंदा डालकर ख़ुदकशी[1] कर ली
वह फ़र्श धोते हुए साबुन की टिकये से फिसल गया
वह नवीं मंज़िल से गिर गया था
उसने ख़ुद को लटका दिया था
वह साबुन की टिकया धोते हुए फ़र्श से फिसल गया था
वह नवीं मंज़िल से कूद गया था
फ़र्श धोते वक़्त उसने ख़ुद को छत से लटका दिया था
वह नवीं मंज़िल से फ़र्श धोते हुए फिसल गया था
वह फिसलते हुए साबुन की टिकिया से गिर गया था
उसने नवीं मंज़िल से ख़ुद को लटका दिया था
उसने नवीं मंज़िल से फ़र्श धोया जब वह फिसल रहा था
वह नवीं मंज़िल पर धुलाई करते वक़्त
साबुन की टिकिया से लटक गया।

1. आत्महत्या।

# इन्तक़ाम[1]

तुम्हें कैसा लगेगा
अगर मैं रात के अँधेरे में आऊँ
और तुम्हारे पहलू मैं नेज़ा[2] उतार दूँ
अपने उन शहीदों का इन्तक़ाम लेने के लिए
जिनको तुम नहीं जानते थे
जिनके ज़ख़्म मख़फ़ी[3] हैं
जिनकी कोई यादगार नहीं
वह जिनको तुम सिर्फ़ जश्न के अवक़ात[4] में
याद करते हो
हम उनको नहीं भूले
रोज़बरोज़
हमारे इन्तक़ाम की आग तेज़
और उसके शोले तुम्हारे शहरों
तुम्हारे बच्चों के गिर्द
अपना हलक़ा[5] तंग करते जाते हैं
जो राख के मीनार बनकर
हमारे इन्तक़ाम की गवाही देंगे

1. बदला 2. बरछी 3. बनावटी 4. समयों 5. वृत्त।

## हम कौन हैं

### (एक अफ़्रीक़ी की मौत पर जो पुलिस की बिलाजवाज़[1] फ़ायरिंग से हलाक हुआ था)

हम कौन हैं
शहीद या ग़ाज़ी[2]
जब हमने कोई जंग ही नहीं लड़ी
सिर्फ़ एक बीमार रियासत की किश्ता मख़लूक़[3]
गोनागों[4] नासूरों की अंबार
जो नफ़रतों की बारिशों में
नमो पाते हैं
हम रज़्मगाह[5] में नहीं उतरते
न ही किसी मैदान में नबर्द[6] आज़मा हुए
ताकि तारीख़[7] की फ़रसूदा[8] दस्तावेज़ से
ख़ुद को मनसूब[9] कर सकें
हम वह क़ैदी थे
जो अंधी-रातों में मारे गए
हमारी मौतें
'इत्तफ़ाक़िया या हादसातन' वाक़ये हुई इसके बावजूद
जब कल शहीदों के नाम पुकारे जाएँगे
जिन्होंने हमारी सरज़मीं को आज़ाद कराने में
अपनी जानें कुर्बान कीं
तो बग़ैर किसी हैरत और अवंभे के
वह मुमताज़ और निहत्थे साथी भी
उन जाँनिसार[10] बलवानों के फ़ेहरिस्त में होंगे
जिन्हें लोग अक़ीदतों[11] के ख़िराज[12] पेश करेंगे

1. अकारण, असमय 2. सैनिक 3. कमज़ोर रचना 4. जाने-बूझे 5. युद्धभूमि 6. कूद पड़ना जान-बूझकर 7. इतिहास 8. पुराने 9. शामिल 10. जान देनेवाले 11. श्रद्धा 12. अंजलि।

# मेरी हज़ारों आवाज़ें हैं

मेरी हज़ारों आवाज़ें हैं
मैं तुम्हें वहाँ से पुकारूँगा
जहाँ सूरज डूबता है
मैं तुम्हें उन शाख़ों से आवाज़ दूँगा
जो हवा का आँचल थामकर नाचती हैं
तुम न ख़त्म होनेवाली मताह[1] हो
जो नस्लों के होठों से गाती है
तुम एक सरसब्ज़[2] तना हो
जिसकी हरी-भरी शाख़ें
झील में उतरी हुई हैं
जिन्हें दरख़्त काटनेवाला
बेसुद ज़ब्हा कर जाता है
कि बहार के साथ ही
उनमें ज़िंदगी का ताज़ा ख़ून
मौज मारने लगता है
नई कोंपलें फिर फूट निकलती हैं
और शाख़ें जब फलों से लद जाती हैं
तो क़ातिल अपने कुल्हाड़े और तेज़ लेकर आता है
यह सोचकर कि यह हमेशा के लिए बाँझ हो जाएँ
वह तमाम फलों को हड़प जाता है
उस ख़ुशफ़हमी में
कि अब उन पर बौर नहीं आएगा
लेकिन नये मौसमों में
नई कोंपलें फिर फूट निकलती हैं

1. पूँजी 2. हरा-भरा।

## क़ाफ़

हम भी करते थे चराग़ाने-बहार[1]
लेकिन अब आँखों में ख़ूँ-नाव[2] कहाँ

हमको भी लज़्ज़ते ग़म थी प्यारी
लेकिन अब जी में तबोताब[3] कहाँ

अब भी पायाब[4] नहीं मौज-ए-ग़म[5]
फिर भी अंदेशा-ए-सैलाब[6] कहाँ

1. बहार को रोशन 2. ख़ून 3. चमक-दमक 4. उथला, छिछला 5. दुख का ज्वार 6. बाढ़ की आशंका